DANIEL DETTLING

Wie wollen wir in Zukunft leben?

Eine Agenda für die Neo-Republik

DANIEL DETTLING

Wie wollen wir in Zukunft leben?

Eine Agenda für die Neo-Republik

Die Neo-Republik
Eine Agenda für mehr Freiheit,
mehr Solidarität und weniger Angst

Per aspera ad astra

Inhalt

	Einleitung	8
1	Neo-Sozial: Fair, solidarisch und leistungsgerecht	24
2	Neo-Leistung: Aufstieg durch Bildung	58
3	Neo-Familie: Beide Welten für Frauen und Männer	82
4	Neo-Arbeit: Auf dem Weg zur Vollbeschäftigung	110
5	Neo-Kapitalismus: Die neue Verantwortung der Unternehmen	138
6	Neo-Ökologie: Innovativ überleben	158
7	Neo-Sicherheit: Deutsche Verantwortung out of area	190
8	Neo-Europa: Erosion oder Erneuerung?	218
9	Neo-Demokratie: Politik auf Augenhöhe	240
10	Neo-Patriotismus: Deutschland für alle!	268
	Epilog: Mehr Freiheit. Mehr Solidarität. Weniger Angst.	288
	Danksagung/Über den Autor	302
	Impressum	304

Die Agenda in 10 Punkten

1. **Neo-Sozialstaat:** *mehr Gerechtigkeit zwischen den Generationen, mehr Kinder, weniger Umverteilung und mehr Eigentum.*

2. **Neo-Leistung:** *mehr Geld für die Bildung, mehr Freiheit für die Schulen, mehr Exzellenz und Durchlässigkeit.*

3. **Neo-Familie:** *mehr Gerechtigkeit zwischen den Geschlechtern, mehr Zeit für Kinder und neue Väter und Vorgesetzte.*

4. **Neo-Arbeit:** *mehr Auszeiten, weniger Anwesenheit und Sicherheit und Aufschwung für alle.*

5. **Neo-Kapitalismus:** *Mehr Vielfalt, verantwortliche Unternehmen und Verbraucher und nachhaltiges Wachstum.*

6. **Neo-Ökologie:** *Technologien statt Transformation, Brot und Benzin für alle und die Energiewende als Exportschlager.*

7. **Neo-Sicherheit:** *Werte plus Verantwortung, Außen- und Entwicklungspolitik zusammen denken und mehr Geld für Verteidigung.*

8. **Neo-Europa:** *Euro-Zone als Kerneuropa, ein Europa der Jugend und mehr Solidarität und Führung.*

9. **Neo-Demokratie:** *Direkte Demokratie und föderaler Wettbewerb, starke Kommunen und innovative Politik (Familienwahlrecht, Wählen mit 16, Panaschieren auf Bundesebene).*

10. **Neo-Patriotismus:** *Aus Ausländern und Einwanderern werden Deutsche, Integration durch Bildung und der 23. Mai als Nationalfeiertag für alle.*

Einleitung

„Alle festen, eingerosteten Verhältnisse mit ihrem Gefolge von altehrwürdigen Vorstellungen und Anschauungen werden aufgelöst, alle neu gebildeten veralten, ehe sie verknöchern können. Alles Ständische und Stehende verdampft, alles Heilige wird entweiht, und die Menschen sind endlich gezwungen, ihre Lebenseinstellung, ihre gegenseitigen Beziehungen mit nüchternen Augen anzusehen."

Karl Marx und Friedrich Engels,
Das Kommunistische Manifest

Ich bin Bürger der Neo-Republik. Ein Neo. Beruflich bin ich selbständig und angestellt. Privat lebe ich mit meiner Partnerin, unserer Tochter und den beiden Söhnen in „wilder Ehe" in Berlin-Kreuzberg. Meine Kinder tragen den Namen ihrer Mutter, haben aber meine Religion. Politisch bin ich heimatlos.

Die Neos sind „aktive Realisten" und machen inzwischen mehr als ein Drittel der Gesellschaft aus. Sie versuchen eine Balance von modernen und traditionellen Werten, wollen im Leben etwas leisten, konsumieren bewusst, ohne zu verzichten und bewegen sich zwischen Altem und Neuem. Die Neos sind typische Grenzgänger, bauen Brücken und lieben Widersprüche. In wenigen Jahren werden sie an den Schalthebeln der Republik sitzen und den Tanker Deutschland steuern. Welche Landkarte werden die Neos lesen, was treibt sie an, und welches Rüstzeug packen sie in ihre Rucksäcke? Was unterscheidet sie von früheren Generationen und welche Welt wollen sie ihren Kindern und Enkelkindern hinterlassen?

Was kommt nach den Babyboomern?

Kein Jahrgang wird mehr so stark sein wie der 1964er. Die Babyboomer, geboren zwischen 1955 und 1969, sind die geburtenstärksten Kohorten und stellen heute über ein Drittel der arbeitenden Bevölkerung. Sie dominieren die Vorstände der DAX-Unternehmen, der Parteien, Stiftungen und Vereine. Wie keine andere Generation vor und nach ihnen haben die Babyboomer von der Aufbauleistung der Nachkriegsgeneration profitiert. Die Babyboomer sind nicht nur demografisch mächtig, sie verfügen auch über das größte Einkommen und werden – als vorläufig letzte Generation – noch üppige Renten beziehen.

Dort, wo die Babyboomer waren, war es immer voll. In den Kindergärten, Schulen, Universitäten, Unternehmen und Parteien. Wenn sie bald zu

Rentnern werden, wird es voll bleiben: auf Städtereisen, Kreuzfahrten und Kirchentagen werden sie ihre Altersgenossen in großer Zahl antreffen. Zwischen 2040 und 2050 werden sie die Alters- und Pflegeheime der Republik füllen.

In den besten Jahren der Republik haben sie die höchsten Schuldenberge aufgehäuft. Sie liegen heute bei mehr als zwei Billionen Euro. Ihre kritischen Mitglieder verbindet daher vor allem eines: das schlechte Gewissen. Sie haben von der Aufbauleistung der Nachkriegsgeneration und der „Gnade der späten Geburt" (Helmut Kohl) profitiert und hinterlassen ihren eigenen Kindern ein Billionen-Erbe und kommenden Generationen einen gigantischen Schuldenberg und Altlasten.

Die Neos gehören zur Generation der Post-Babyboomer. Von den Babyboomern unterscheiden sie sich grundlegend. Nicht Geld, Status und Macht treibt sie an, sondern Herausforderungen, Veränderungswille und Leidenschaft.

Generation X, Y und Z

Wenn die demografisch starken Babyboomer in wenigen Jahren aus dem Erwerbsleben ausscheiden, wird es auf die Generationen X (geboren zwischen 1969 bis 1979), Y (1980 bis 1995) und Z (geboren nach 1995) ankommen. Diese drei Generationen haben eines gemeinsam: Veränderungen sind ihnen willkommen. Mit dem Wandel beginnt für sie etwas Neues und kein Niedergang. Werte verteidigen sie nicht mit traditionellen Instrumenten.

Mit den Linken und Neoliberalen aus der Babyboomer-Generation verbindet sie ihr Wille, die Welt zu verbessern und Veränderungen zu beschleunigen. Im Gegensatz zu den Linken halten diese Jahrgänge den Markt für das beste Instrument, um soziale Ziele zu erreichen. Von den Neoliberalen unterscheiden sie sich darin, dass sie bei Marktversagen auf einen starken Staat setzen. Im Zweifel setzen sie auf Freiheit, Unternehmertum und Selbstorganisation.

Die Post-Babyboomer kooperieren stärker. Mehr Frauen setzen sich in den Führungsetagen durch. Dank Fortschritt und neuen Technologien kann die Welt besser werden. Umweltverschmutzung, Hunger und Kriege gehen zurück. All dies wird sich jedoch nicht automatisch, quasi von selbst, einstellen. Wir werden hart dafür arbeiten und uns engagieren müssen, indem wir besser leben, länger arbeiten und nachhaltig wirtschaften.

Die Neos sind gelassen, aber unruhig. Die Gelassenheit gilt der Zukunft. Es wird nicht alles schlechter, sondern vieles besser, weil es auch an einem selbst liegt. Ihre Unruhe gilt der Gegenwart. Deutschland lebt zu sehr von der Substanz, verharrt im Jetzt und wirkt müde und erschöpft. Das Land scheint an einem kollektiven Burn-out zu leiden.

Das Ende der großen Gewissheiten

In den sechziger Jahren beschrieb der Soziologe Helmut Schelsky Beruf und Familie als die großen Sicherheiten, die dem modernen Menschen nach der Vertreibung aus dem Paradies, nach der Entzauberung der Welt durch Rationalismus und Aufklärung und nach den Umbrüchen und Katastrophen des 20. Jahrhunderts verblieben sind. Diese beiden Institutionen, Familie und Beruf, versprachen dauerhafte Bindungen, ein Leben lang, und haben sich wechselseitig stabilisiert.

Die Nachkriegsgeneration versteht heute ihre eigene, aufgebaute Welt nicht mehr. Als sie klein waren, verstand sich das Meiste von selbst. Das Einkommen des Mannes reichte für die ganze Familie. Es war nicht nötig und auch nicht gewollt, dass Mutter arbeitete. Man hatte es aber sehr schnell nötig, dass Fremde ins Land kamen, um die wachsende Nachfrage nach Arbeitskräften zu befriedigen. Genauer: die Nachfrage nach Gastarbeiterinnen und Gastarbeitern.

Für die Babyboomer kann in Zukunft kaum etwas besser werden. Früher war ja alles besser. Die Unternehmen produzierten nicht nur Güter und Dienstleistungen, sondern auch Chancen und Wohlstand für Alle. Der Staat hatte lediglich dafür zu sorgen, dass bei Marktversagen umverteilt wurde. Wer die nötige Qualifikation oder Begabung nicht mitbrachte, kam bei staatlichen Unternehmen wie Post, Polizei oder Bahn unter. Die Marktwirtschaft kam fast allen zugute und hieß entsprechend „Sozial". Das „S" wurde großgeschrieben in der alten Bundesrepublik. Die junge Demokratie verstand sich zunächst und vor allem als Sozialstaat. Wohlstand und materieller Aufstieg sollten die Deutschen mit dem Westen und seinem Wertemodell versöhnen.

Ohne das „S" hätte es eine Marktwirtschaft in Deutschland nie gegeben. Vergessen wurde dabei allerdings die andere Seite des deutschen Wunders nach 1945. Ohne eine erfolgreiche und enorm wachstumsstarke Wirtschaft hätte es auch nie diesen XL-Sozialstaat gegeben.

Der Erfolg der Sozialen Marktwirtschaft ist ohne die Wertesozialisation der bürgerlichen Familie, ohne die Trennung von Arbeit und Familie nicht zu erklären. Der Industriekapitalismus hat Leben und Arbeit auseinandergerissen, und die bürgerliche Familie hat die Expansion des Kapitalismus erst möglich gemacht.

Familie und Erwerbsarbeit waren die beiden Fundamente der sozialen Sicherheit, sie waren aber auch die beiden Stabilitätsanker unseres Lebens. Doch weder in die Familie, wie sie einmal war, noch in die Vollbeschäftigung der sechziger Jahre führt ein Weg zurück. Und selbst wenn er möglich wäre: kaum einer der heute Jüngeren will diesen Weg in die Vergangenheit gehen.

Ein deutscher Traum?

Die Talkshows und Debattenrunden in Akademien und Stiftungen sind voll von Ängsten, aber ohne Zukunft. Unsere Risikogesellschaft besteht aus Risikoaversen. Zukunft stellen wir uns als „vorweggenommene Erinnerungen" vor, wie der israelisch-amerikanische Nobelpreisträger Daniel Kahneman schreibt. Wir projizieren und produzieren Zukunft aufgrund von Erinnerungen. Wir halten sie wie die Schatten in Platons Höhlengleichnis für die künftige Wirklichkeit. Angst und Alarmismus sind aber schlechte Ratgeber. Wer Angst hat, kann nicht frei und glücklich sein. Angst frisst Zukunft auf. Und Glück. Wie können Kinder und junge Erwachsene ohne Angst aufwachsen – und auch aufsteigen? Wie organisieren wir die Gleichberechtigung der Geschlechter?

Gesucht wird eine Gesellschaft, die jedem immer wieder aufs Neue Chancen und Möglichkeiten gibt, ein Leben in Würde und Selbständigkeit zu führen. Gesucht wird ein Land, das endlich erwachsen wird und sich der Verantwortung stellt, nach innen wie nach außen. Ein deutscher Traum?

„Das Recht nach Glück zu streben" ist das oberste Ziel der Verfassung der USA. Andere Nationen gehen kreativer und offener mit Veränderungen um als wir. Vieles muss sich ändern, damit Erreichtes bewahrt und Neues gewonnen werden kann. Es fehlt an Vorbildern und Eliten, die alte und uns allen wichtige Werte mit neuen Instrumenten und Strukturen in eine veränderte Zeit retten. Noch haben die Traditionalisten und Strukturkonservativen der Babyboomer die Meinungs- und Interpretationshoheit. Es sind in der großen Mehrheit Männer.

Die Neos sind die neue Avantgarde

Die Zukunft gehört den Neos. Nicht die Zugehörigkeit zu einem bestimmten Milieu, der Kopf entscheidet. Entscheidend ist, was in den Köpfen abgerufen wird. Nicht das Sein, das Bewusstsein bestimmt über die Zugehörigkeit zur kreativen Neo-Klasse. Heute sind bereits zwischen 30 und 40 Prozent aller Erwerbstätigen in kreativen Berufen tätig. Mehr als in Industrie, Handwerk und produzierendem Gewerbe. Tendenz steigend.

Die Kreativen sitzen in Industrieunternehmen, Handelshäusern, Ämtern und Start Ups. Sie arbeiten in der Wissenschaft, in Ingenieurberufen, in Forschung und Entwicklung, in technologiegestützten Unternehmen, in Kunst, Musik oder Kultur, im Designwesen, in der Gesundheitswirtschaft oder dem Finanzwesen. „Drei T" sind die Markenzeichen der kreativen Klasse: Technologien, Talente und Toleranz. Soziale und kulturelle Faktoren sind für sie ebenso wichtig wie Standortbedingungen und Steuersätze.

„Place matters!" Globalisierung und Lokalisierung gehen Hand in Hand. Gewinner der neuen Entwicklung sind urbane Kieze mit hoher Diversität und kultureller Vielfalt und vitale Städte, die familienfreundlich wie altengerecht sind. In der kreativen Gesellschaft funktioniert der soziale Zusammenhalt nicht mehr über materielle Lebensinhalte wie Auto, Einfamilienhaus und Pauschalurlaub. Lebensqualität, Resilienz, Familie und Freundschaften sind die neuen Statussubjekte.

Mut zu Freiheit statt Angst vor Veränderungen

Das materielle Wohlstandsversprechen der Vorfahren gilt nicht mehr für die Neos. Die Ungleichheit wird zunehmen. Begriffe wie „Klassengesellschaft" und „abgehängtes Prekariat" sind vielen von den Jüngeren längst vertraut. Armut lässt sich staatlich abfedern. Sie wird individuell auf die nächste Generation vererbt, wenn die Betroffenen lebenslang alimentiert und abgeschrieben werden. Staatliche Transfers ohne Gegenleistung sind moderner Ablasshandel nach dem Motto „Lasst uns in Ruhe!" Doch Loyalität und Legitimation lassen sich nicht kaufen. Der Sozialstaat ist kein Identitätsersatz, weder für eine Nation noch für ihre Mitglieder. Er sollte uns vor Veränderungen und Katastrophen schützen und hat uns lange Sicherheiten suggeriert, die es in Zukunft kaum noch geben wird.

Angst vor Veränderungen und der Mut zu Freiheit hängen unmittelbar zusammen. Wer das Gefühl hat, nichts ausrichten zu können, fühlt sich den Veränderungen ausgeliefert und von ihnen bedroht. Ihre Freiheitsfähigkeit haben die Deutschen nach dem Zweiten Weltkrieg an den Staat delegiert. Die Autoren des Grundgesetzes hatten wiederum Angst davor den Bürgern zuviel Mitbestimmung und Beteiligung einzuräumen. So wurde vor allem der Sozialstaat ausgebaut mit der guten Absicht, den Bürgern die Angst vor den Gefährdungen des Lebens zu nehmen: Alter, Krankheit, Invalidität und Arbeitslosigkeit.

Heute ist aber der Sozialstaat für die meisten unzuverlässig geworden. Jahrzehntelang wuchsen die Deutschen auf in dem Gefühl „Wir werden weich fallen". Das „weich" wird jetzt gestrichen. Wie weiter? Der Staat ist zu einem Gott mit zwei Gesichtern geworden. Einerseits erwarten die Bürger noch sehr viel Gutes von ihm, andererseits haben sie Angst vor den Folgen.

Die Deutschen sind Gefangene ihrer eigenen Unmündigkeit geworden. Sie reden von „denen in Berlin", vom Staat und den Politikern, die alles unter sich ausmachen. Sie reden aber nicht von unserer Republik, unserer gemeinsamen Zukunft. Wenn sie ihre Angelegenheiten in die eigenen Hände nehmen würden, würden sie die

Konsequenzen des eigenen Tuns merken und sie als Chance sehen.

Ein neuer Gesellschaftsvertrag

Sozialismus und Kapitalismus waren und sind fixiert auf ökonomische Fragen. Vor ihnen war der Begriff der Politik multidimensional. Er umfasste das gemeine Beste wie die soziale und natürliche Umwelt.

Politik muss aus der Perspektive der Bürger jene Probleme lösen und sozialen Übel bekämpfen, welche die Leute am meisten beschäftigen: Arbeit schaffen, Bildung verbessern, die innere Sicherheit gewährleisten, Gesundheit fördern und den sozialen Zusammenhalt stärken. Dafür zahlen sie Steuern, Abgaben und Beiträge und erwarten von Regierung und Verwaltung Dienste, Güter und Leistungen – möglichst gut, günstig und effizient.

Das Verhältnis zwischen Politik und Bürgern ist nach diesem Verständnis geprägt von einer Nutzen- und Tauschgemeinschaft. Die einen (Bürger) wollen und bestellen, die anderen (Politiker) versprechen und liefern. Entsprechend sind Rhetorik und Kommunikation. Der Bürger als „Konsument", der Politiker als „Lieferant". Beide haben ökonomische Beziehungen untereinander. Als soziale und gemeinwohlorientierte Wesen spielen sie hier keine Rolle.

Dieses ökonomische Bild von Politik reduziert den Bürger und Politiker und unterschlägt wesentliche Eigenschaften: Vernunft und Gemeinschaftlichkeit. Das Gefühl auf beiden Seiten, wonach wir unter einer wachsenden Entfremdung von Politik und Bürgergesellschaft leiden, lässt sich nur auflösen, indem wir – Politik und Bürger – unser Verhalten und unsere Erwartungen ändern. Das Wachstum des Sozialprodukts und das Wachstum an Lebensqualität haben nicht Schritt gehalten. Es geht im Leben nicht nur um materiellen Wohlstand, sondern um soziales Wohlergehen (well being).

Die Politik allein wird die sozialen Fragen und Übel unserer Zeit nicht alleine lösen können. Aus empirischen Studien wie die von Robert Putnam wissen wir, dass Menschen umso weniger anfällig sind für soziale und gesundheitliche Risiken, je mehr sie mit anderen aktiv etwas unternehmen, also je besser sie sozial vernetzt sind. Die entscheidenden Fragen sind von der Wirtschaft in die Gesellschaft ausgewandert: Wie schaffen wir mehr Lebensqualität? Was sind die neuen Antworten auf die alten Herausforderungen der Ausgrenzung, Exklusion und des Abgehängtseins? Lassen sich soziale Übel ausschließlich durch soziale Institutionen und ihre professionellen Hauptamtlichen lösen? Und wie lassen sich moderne Formen des Engagements mit den traditionellen Strukturen von Parteien verbinden?

Ziel der in diesem Buch beschriebenen Agenda ist ein neuer Gesellschaftsvertrag, ein New Deal zwischen Politik und Bürgern, der aus fünf Grundsätzen und Erkenntnissen basiert:

1. Wo mehr Frauen erwerbstätig sind, gibt es mehr Kinder und weniger Arbeitslose.
2. Wo die Berufstätigen nicht schon mit 63 ausgemustert werden, haben auch Jüngere bessere Chancen.
3. Wenn junge Menschen nicht nur gefördert, sondern auch gefordert werden, haben sie ein besseres Leben vor sich, und die Gesellschaft hat weniger Probleme.
4. Wo nicht alles Geld für einzelne Gruppen und ihre Ansprüche ausgegeben und stattdessen mehr in Netzwerke und soziales Kapital investiert wird, wird es weniger Individuen geben, die von Transfers abhängig sind.
5. Wenn die Migranten in Deutschland Erfolg haben, geht es auch den Deutschen besser.

Dabei geht es um drei Zusammenhänge.
Erstens: Es geht um eine Erweiterung von Freiheiten und Chancen. Die Bürger werden von der Politik nicht als passive Empfänger ausgeteilter Wohltaten betrachtet, sondern als aktive Subjekte, die Veränderungen bewirken wollen und auch können.
Zweitens: Es geht um eine Politik des guten Lebens und der entsprechenden Lebensbedingungen. So wie es erneuerbare natürliche Ressourcen gibt, so müssen auch die sozialen Ressourcen gepflegt werden, wenn sie sich erneuern sollen. Damit es Menschen gut geht, brauchen sie mehr, als sie vom Staat oder vom Markt bekommen können.
Drittens: Es geht um eine soziale Umwelt, in der sich die Menschen entwickeln und ihre Talente entfalten können und gute Chancen haben, ein erfolgreiches Leben zu leben.

Damit rücken jene Themen in den Mittelpunkt, in denen über die Lebenschancen von Menschen entschieden wird: Bildung und Arbeit, Familie und Umwelt, Politik und Integration.

Deutschland wird neo
Wir haben mehr zu verlieren als Rentenanwartschaften oder Pensionsansprüche. Wir können mehr gewinnen als frühere Generationen. Es geht

um ein Leben in Selbstbestimmung und Würde. Es geht um Bindungen, Beziehungen und Bedürfnisse.

Freiheit, Solidarität und Leistung sind die zentralen Themen, wenn die Erosion der Gesellschaft verhindert und die Erneuerung der Republik gelingen soll. Dazu braucht es mehr als ein Programm oder eine Agenda. Es braucht Haltung und Gründergeist. Und es braucht mehr Wahlfreiheit. Viele, zu viele Bürger können in diesem Land von ihren Freiheiten keinen Gebrauch machen. Die Wahlfreiheit von Arbeit und Familie wird eingeschränkt, der Zugang zu Bildung erschwert oder nicht ergriffen. Der Arbeitsmarkt ist kein freier und inklusiver Markt. Freiheit, Solidarität und Leistung brauchen ein neues Gleichgewicht. Auch in Deutschland.

Deutschland wird neo. „Modern, solidarisch und leidenschaftlich" ist der neue Mindset der Republik. Viele haben sich auf den neuen Wandel längst eingestellt. Wir sind mitten drin. Fangen wir an!

1 Neo-Sozial: Fair, solidarisch und leistungsgerecht

„Das erfolgversprechendste Mittel zur Erreichung und Sicherung jeden Wohlstandes ist der Wettbewerb. Er allein führt dazu, den wirtschaftlichen Fortschritt allen Menschen, im besonderen in ihrer Funktion als Verbraucher zugute kommen zu lassen, und alle Vorteile, die nicht unmittelbar aus höherer Leistung resultieren, zur Auflösung zu bringen."

Ludwig Erhardt

Verglichen mit ihrer Elterngeneration sind die Babyboomer in beispiellosem Wohlstand aufgewachsen. So gut wie ihnen wird es kommenden Generationen materiell nicht mehr gehen. Das hat Folgen für den bisherigen Generationenvertrag. Frührente, hohe Arbeitslosenunterstützung und eine fast allumfassende Gesundheitsversorgung sind in Zukunft passé. Deutschland wird zum Pionier des demografischen Wandels. Mehr Frauen, Ältere und Ausländer werden den künftigen Wohlstand erarbeiten. Der Sozialstaat der Zukunft wird ein anderer sein: inklusiv, solidarisch, eigenverantwortlich und dezentral.

Ich kann mich noch gut an eine meiner ersten Podiumdiskussionen erinnern. Es ging vor ca. 15 Jahren um das Thema Rente und Generationenvertrag. Der Moderator wunderte sich: „Wer denkt schon mit 30 an die Rente?" In der Stiftung für die Rechte zukünftiger Generationen haben wir uns entschieden für einen nachhaltigen und generationengerechten Sozialstaat zu streiten. Zum ersten Mal seit Gründung der Republik regierte eine rotgrüne Koalition und drehte die demografische Uhr erst einmal zurück. „Sollten die Jüngeren doch sehen, wo sie bleiben!"

Viel hat sich seitdem nicht verändert. Die sogenannte „Nachhaltigkeitslücke" im Generationenvertrag wurde durch ein Absenken des Rentenniveaus und die Einführung der privaten Altersvorsorge zwar zum Teil geschlossen, aber eine Regierung nach der anderen sorgt in der Rentenpolitik für Unruhe. Weil Deutschland längst eine „Rentnerdemokratie" geworden ist, vor der uns Alt-Bundespräsident Roman Herzog warnt?

Vielleicht hat aber auch der frühere Ministerpräsident des Freistaats Sachsen und CDU-Vordenker Kurt Biedenkopf recht: „Die Jungen werden sich nicht ausbeuten lassen... Die Großeltern und Eltern werden die Jungen eher vor Ausbeutung schützen, als sich daran zu beteiligen."

Der künftige Generationenvertrag wird ohne die Älteren nicht umzusetzen sein. Ein Generationenvertrag, der aktiv die heute Jungen benachteiligt, ist weder nachhaltig noch gerecht. Das aktuelle „Rentenpaket" der großen Koalition ist ein Danaergeschenk: trotz der Milliarden, die es seinen Empfängern bringt, führt es zu neuen Ungerechtigkeiten und einer Spaltung von Jung und Alt, Beschäftigten und Rentnern.

In der Gründungszeit der Republik war der Glaube an die Kraft des Wettbewerbs und des Aufstiegs durch Anstrengung und Arbeit größer als heute. Die Wirtschaftswunderkinder sind heute die Babyboomer, die ihren Nachkommen einen Berg öffentlicher Schulden und (teilweise) privaten Reichtums hinterlassen. Die politische Ökonomie des real existierenden Sozialstaats bevorzugt die Älteren und die Mittelschichten. Hier sind die Lobbys am stärksten, hier werden Wahlen gewonnen. Dennoch ist gerade hier das Gefühl wachsender Armut gestiegen. In einem der reichsten Länder der Welt machen sich Abstiegsängste breit.

Wohlstand für alle?

Die Organisation für wirtschaftliche Entwicklung und Zusammenarbeit (OECD) mahnt in ihrem letzten Deutschlandbericht tiefgreifende Reformen an und kritisiert vor allem den Anstieg des Niedriglohnsektors. Von der gesunkenen Arbeitslosigkeit hätten in den letzten Jahren längst nicht alle Beschäftigten profitiert. Vor allem Geringqualifizierte, befristet Beschäftigte und Frauen gehören zu den Geringverdienern, von denen es in Deutschland mehr als im EU-Durchschnitt gibt. Das Armutsrisiko ist in den letzten Jahren gestiegen. Mehr als ein Drittel der privaten Haushalte sind in Deutschland ohne Vermögen.

Das deutsche Modell der Sozialen Marktwirtschaft schafft heute nicht mehr Wohlstand für alle. Einer aktuellen Studie des Deutschen Instituts für Wirtschaftsforschung (DIW) zufolge gibt es in der Euro-Zone kaum ein anderes Land mit so niedrigen privaten Vermögen und einer derart hohen Vermögensungleichheit wie Deutschland und das, obwohl so viele Menschen arbeiten wie nie zuvor. Die Fakten der Studie sind ernüchternd: Deutschland hat zwar relativ hohe Einkommen und eine der höchsten Sparquoten in Europa, dennoch besitzt mehr als ein Drittel der Deutschen kein Vermögen oder ist verschuldet. Nur jeder Dritte hat ein Eigenheim, nur jeder Zweite eine Lebensversicherung oder einen Bausparvertrag. Die große Mehrheit der Bevölkerung hat keine auskömmliche private Absicherung.

Wesentliche Ursache hierfür ist das große Vertrauen der Deutschen in den Staat. Eine große Mehrheit hält die Vorsorge für Alter, Krankheit und Pflege für eine Aufgabe des Staates. Dabei wird die zunehmende Alterung in Deutschland die soziale Leistungsfähigkeit des Staates weiter mindern.

Der Sozialstaat heutiger Prägung hat die Bereiche kollektiver Finanzierung öffentlicher Leistungen ständig ausgeweitet und dabei eine wachsende Anspruchserwartung der Bürgerinnen und Bürger erzeugt. Das Vertrauen in die staatliche Fürsorge ist anerzogen. Die Politik potenziert diese Erwartungshaltung noch durch Überschriften und Slogans wie „Das haben Sie sich verdient". Aus der Spirale der ständigen sozialen Anspruchssteigerung kommt sie kaum noch heraus. Dabei lässt die neue „Schuldenbremse" in Zukunft keinen Spielraum mehr für neue Sozialpartys. Das Geld ist längst verfrühstückt.

Das europäische Sozialmodell: weltweit Vorbild?

Deutschland und Europa unterscheiden sich von anderen Regionen und Standorten auf der Welt durch ihr ausgeprägtes und historisch gewachsenes Sozialmodell. Das deutsche wie auch das europäische Sozialstaatsmodell verstehen sich als ein dritter Weg jenseits von Staat und Markt bzw. Sozialismus und Kapitalismus. Der Schutz der Arbeitnehmerinnen und Arbeitnehmer, ihre Absicherung vor Risiken wie Krankheit und Altersvorsorge, die Nachqualifizierung von wenig und unzureichend ausgebildeten erwerbsfähigen Menschen und Leistungen für Kinder und Familien kosten allein Deutschland jährlich einen dreistelligen Milliardenbetrag.

Die Europäische Union erwirtschaftet mit heute sieben Prozent Anteil an der Weltbevölkerung 19 Prozent des weltweiten Bruttoinlandprodukts und konsumiert die Hälfte der weltweiten Sozialausgaben. Diese Relation zeigt eindrucksvoll, wie fragil und unsicher unser heutiger ökonomischer und sozialer Erfolg ist. Mittel- und langfristig werden die asiatischen Länder über die Hälfte der zusätzlichen globalen Produktion erwirtschaften. Dennoch werden die USA nicht von China überholt, sondern weiterhin stärkste Volkswirtschaft bleiben. Deutschland und Europa werden dagegen weiter zurückfallen.

Der Sozialstaat ist historisch ein Kind der Industrialisierung und die Antwort auf neue Formen von Ungleichheit, Armut, Entwürdigung und massenhaftem Elend in den Städten. Sein goldenes Zeitalter hatte der Sozialstaat in Europa nach dem Zweiten Weltkrieg. Angetrieben von zwei Schuldenjahrzehnten in den siebziger und neunziger Jahren kam es zu einer Fülle von neuen Leistungen, welche die Staatsschuld von 20 Prozent im Jahr 1970 bis auf rund 80 Prozent heute ansteigen ließ. Gleichzeitig erhöhte sich in diesem Zeitraum die Arbeitslosigkeit auf mehr als fünf Millionen.

Die Expansion des Sozialstaats verhinderte auch den (geringen) Anstieg der Einkommensungleichheit nicht. Letztere ist seit den siebziger Jahren weniger stark gestiegen, als oft behauptet wird. Ursachen für den Anstieg der Ungleichheit sind Einwanderung von Niedrigqualifizierten, Geringqualifizierte, eine Zunahme von Singlehaushalten und mehr Paarbeziehungen zwischen berufstätigen Akademikern.

So ist der Sozialstaat für die einen in Gefahr, abgebaut zu werden, für andere wiederum ist er ein teurer und wachsender Moloch auf Kosten der Freiheit. Ist von „Abbau" die Rede, gelten in der Regel die Sozialverbände als Meinungsträger. Gewerkschaften, Wohlfahrtsverbände oder Initiativen im Sozialbereich konstruieren oft eine

Gesamtmeinung, nach der der Sozialstaat kontinuierlich abgebaut wird, da „neoliberale" Politikansätze vorherrschten.

Das Bild ist ein Zerrbild. Die Sozialpolitik wird hierzulande nicht von neoliberalen Ideen beherrscht. Es gibt keinen flächendeckenden Sozialabbau. Koalitionen, die ihn befördern wollten, wären nicht mehrheitsfähig. In Deutschland gibt es mit CDU/CSU und SPD zwei große Sozialstaatsparteien. Schon der Versuch strukturelle Reformen anzugehen steht unter Strafandrohung, sprich Stimmenentzug bei Wahlen. Beide Parteien haben dies in den vergangenen Jahren leidvoll erfahren.

Die Legitimation des Sozialstaats

Wozu ist der Sozialstaat eigentlich gut? Was legitimiert ihn und welche Leistungen hat er zu erbringen? Die erste zentrale Leistungsfunktion des Sozialstaats ist die Institutionalisierung und damit Zähmung des Konflikts zwischen Kapital und Arbeit. Das Tarifvertrags- und das Mitbestimmungswesen sowie die Arbeitsgerichtsbarkeit sind dazu vorgesehen. Die zweite Leistungsfunktion liegt in der Inklusion oder Teilhabe. Es ist eine wesentliche Errungenschaft des Sozialstaats besonderen

Problemgruppen wie Schwerbehinderten oder Unqualifizierten Existenzmöglichkeiten auch außerhalb des Marktes zu verschaffen. Drittens leistet der Sozialstaat einen erheblichen Beitrag zur gesellschaftlichen Modernisierung. Beispiele sind die zunehmende Gleichheit der Geschlechter oder gleichgeschlechtlicher Paare.

Konzipiert war der deutsche Sozialstaat von Anfang an als ein Sozialversicherungsstaat. Soziale Sicherung, Sozialfürsorge und die Regelung der Arbeitsbeziehungen waren seine zentralen Felder. Die Ziele des Sozialstaats sind seit seiner Gründung vor mehr als 100 Jahren unverändert. Er soll die großen Lebensrisiken wie Alter, Krankheit und Arbeitsunfähigkeit absichern. Das soziale Netz wurde dabei in den letzten Jahrzehnten stetig ausgebaut. Rentner sollten nicht mehr nur eine bescheidene Alterssicherung erhalten, sondern ihren Lebensstandard möglichst aufrechterhalten können.

Die Kurzformel für die soziale Sicherheit lautete: Sicher war, wer Arbeit hatte – oder einen Ehemann, der Arbeit hatte. Der Sozialstaat Bismarckscher Prägung konnte mit den Familien und insbesondere mit den Familienfrauen rechnen. Sie waren immer da, und sie haben nichts gekostet.

Insofern war es konsequent, dass der deutsche Sozialstaat auf die männliche Erwerbsarbeit fixiert war und eine Tendenz zugunsten des männlichen Alleinverdienermodells und der Hausfrauenehe hatte.

Das Modell war stimmig, solange die Voraussetzungen gestimmt hatten. Während das skandinavische Modell die öffentliche Verantwortung für Kinder und Familien betont und das angelsächsische Modell große Hoffnungen auf den Markt setzt, erwartet das kontinentale Modell (Deutschland, Österreich) sehr viel an Diensten, Betreuung und Pflege von der Familie. Die Familie wird diese Aufgaben in Zukunft immer weniger erfüllen können. Die Jüngeren werden weniger und die (Ehe-)Frauen werden arbeiten.

Deutschland steht demografisch an einem Wendepunkt

Der deutsche Sozialstaat finanziert sich über das Umlageverfahren. Die aktive Generation finanziert den Ruhestand der nicht mehr aktiven Jahrgänge. Das zahlenmäßige Verhältnis zwischen beiden Generationen muss einigermaßen ausgewogen sein, sonst gerät die Finanzierung in Schieflage. In wenigen Jahren werden die Jahrgänge der

Babyboomer in Rente gehen. Im günstigsten Fall werden im Jahr 2035 auf 100 Erwerbstätige 110 Nichterwerbstätige kommen, die mit versorgt werden müssen. Das sind 15 mehr als heute. Der Sozialstaat, insbesondere die Rente, wäre spätestens dann in einer finanziellen Notlage. Kommende Generationen werden durch das Umlageverfahren der gesetzlichen Rentenversicherung schlechter gestellt.

Der demografische Wandel bedeutet – und das ist die positive Nachricht – ein längeres Leben. In den letzten 50 Jahren hat sich die Lebenserwartung für beide Geschlechter um etwa 11 Jahre erhöht. Bis 2050 rechnet das Statistische Bundesamt mit einem weiteren Anstieg bei Männern auf 87, bei Frauen auf 91 Jahre. Damit erhöht sich die Lebenserwartung pro Jahrzehnt um etwa zwei Jahre. Jedes zweite Mädchen, das heute geboren wird, hat die Aussicht, 100 Jahre oder älter zu werden. Heute leben gut 15.000 Hundertjährige in Deutschland. 2050 werden es mehr als 65.000 sein.

Die zentrale Frage der Zukunft lautet: Was fangen wir mit diesen gewonnenen Lebensjahren an? Noch nie gab es eine so gesunde, wohlhabende und engagierte Generation 60plus in Deutschland wie heute. Umfragen zeigen, dass sich die Menschen immer jünger fühlen – und zwar zwischen 10 und 20 Jahren geringer als ihr tatsächliches Alter. Es ist daher nur konsequent, wenn der Zeitpunkt des Renteneintritts sich nach hinten verschiebt. Die 70-Jährigen von morgen sind die 50-Jährigen von gestern.

Nicht die Arbeit, die Arbeitskräfte werden uns ausgehen. Rund 6,5 Millionen Fachkräfte werden bis 2030, ca. 11 Millionen bis 2050 fehlen. Ein Teil dieser demografischen Lücke kann ausgeglichen werden durch eine Erhöhung der Lebensarbeitszeit, eine Ausweitung der Frauenerwerbstätigkeit und mehr Zuwanderung. Dennoch wird die Alterung der Gesellschaft Wachstum und damit Wohlstand kosten.

Deutschland steht demografisch an einem Wendepunkt. Die Zunahme der Erwerbstätigen, die die vergangenen Jahre gekennzeichnet hat, wird sich selbst bei steigenden Erwerbsquoten nicht weiter fortsetzen. Vielmehr wird mit der Zahl der Beschäftigten auch das Arbeitsvolumen Jahr für Jahr zurückgehen. Der Druck der Bevölkerungsalterung auf die wirtschaftliche Entwicklung und die Sozialsysteme lässt sich durch eine bessere Ausschöpfung des Erwerbspersonenpotenzials allenfalls dämpfen, aber nicht kompensieren.

Das Altern und Schrumpfen unserer Bevölkerung macht ein „Weiter so" unmöglich. Reformen werden nur dann als gerecht empfunden, wenn sie die Lasten zwischen den Generationen fair verteilen und mehr Menschen an ihrer Finanzierung beteiligen. Dafür braucht es ein überzeugendes Leitbild und ein Konzept, das die beiden Werte der Gerechtigkeit und der Leistungsfähigkeit in eine neue Balance bringt.

Die Solidarische Leistungsgesellschaft

Als Postbabyboomer wünsche ich mir nicht, dass wir plötzlich das Geld hätten, um den alten Sozialstaat aufrechterhalten zu können. Der deutsche Sozialstaat ist in den vergangenen Jahren finanziell und organisatorisch expandiert und dennoch bleibt bzw. wächst das Gefühl der „sozialen Kälte". Dieses Gefühl wird sich nicht ändern, solange sich unsere Mentalität nicht ändert.

Die Mehrheit der Bürgerinnen und Bürger definiert in Umfragen heute soziale Gerechtigkeit als Chancen- und Leistungsgerechtigkeit. Ein hohes Maß an Chancengerechtigkeit führt jedoch zu einer Ungleichheit der Ergebnisse. Der Philosoph Hermann Lübbe spricht von „der Freisetzung von Unterschieden durch Chancengleichheit".

Für die anstehenden politischen Veränderungen brauchen wir ein neues Konzept und ein neues Leitbild. Der frühere Vordenker der CSU und heutige Präsident des Zentralkomitees der deutschen Katholiken (ZdK) Alois Glück hat vor Jahren das Konzept einer Solidarischen Leistungsgesellschaft vorgeschlagen, das aus vier Elementen besteht: Leistung, Solidarität, Subsidiarität und Patriotismus. Entscheidend für die Zukunftsfähigkeit unserer Gesellschaft ist danach die Neubelebung unserer Leistungsfähigkeit. Unser Lebensstandard, aber auch wesentliche Teile unserer Lebensqualität, unser Platz im internationalen Wettbewerb, Bildung, die Zukunft von Familie und Arbeit, die Möglichkeiten der finanziellen Solidarität im Sozialstaat, hängen von unserer Leistungsfähigkeit ab, und diese wiederum von unserer Fähigkeit zur Veränderung, zur Erneuerung und zur Innovation.

Das Konzept der Solidarischen Leistungsgesellschaft plädiert für Rahmenbedingungen, die mehr Wettbewerb, Ideen und Innovationen ermöglichen. Unsere Einstellung ist hier zu ängstlich und verkrampft. Viele Eltern glauben, die beste Schule für ihre Kinder ist die, in der wenig verlangt und gefordert wird. Gentechnik und Biotechnologien gelten den meisten Deutschen als gefährlich,

Freihandel als Ausverkauf von Umwelt- und Verbraucherschutz und Ausgaben für Rüstung und Verteidigung als Geldverschwendung.

Zu viele sind der Meinung, wir hätten eine bessere und menschlichere Welt, wenn wir weniger auf Leistung und Verantwortung setzen würden. Die Bereitschaft zu Leistung und Verantwortung zeigt sich vor allem in der Einstellung sich zu engagieren. Hier haben wir eine „Engagementlücke" in Deutschland: Es sind oft die guten Schüler aus den entsprechenden Elternhäusern, die sich in Vereinen und Initiativen engagieren.

„Solidarität" ist die Bereitschaft Verantwortung füreinander und für das Gemeinwesen zu übernehmen. Jeder Mensch ist als soziales Wesen geboren, wusste bereits Aristoteles. In der Übernahme von Solidarität und Verantwortung erfahren wir Sinn für das eigene Leben. Oder wie es der Psychoanalytiker Viktor Frankl ausdrückt: „Sinn für sein Leben findet der Mensch nur in der Zuwendung zu Aufgaben oder in der Hinwendung zu anderen Menschen, aber nicht in der Fixierung auf sich selbst." Wer sich engagiert, gewinnt: Erfahrung, Freude, Lebensqualität, Sinngebung, Freunde. Die reinen Egoisten und Rücksichtslosen sind die eigentlich Ärmsten.

„Subsidiarität" heißt Wettbewerb der kleineren Einheiten und Vorrang der kleineren Einheit vor der größeren und dem Staat. Subsidiarität geht offensiv und selbstbewusst mit Unterschieden und Vielfalt um und sieht in erster Linie die Chancen von Innovationen, Ideen und Initiativen und nicht zuerst ihre Risiken.

„Patriotismus" bedeutet gemeinsame Verankerung durch geteilte Werte und Räume. Viele suchen in einer zunehmend unübersichtlichen Welt Orientierung und ein Zuhause. Gerade eine Gesellschaft, die auf Dynamik, Innovation und Mobilität angewiesen ist, benötigt einen gemeinsamen Geist und den Willen zu Veränderung und Solidarität. Im Unterschied zum Nationalismus geht es dem Patriotismus nicht um die Abwertung anderer Kulturen und Menschen und die Überbetonung der eigenen Werte und Ideen. Vielmehr setzt der auch für andere Kulturen und Identitäten offene Patriotismus auf die Bereitschaft sich für das Gemeinwesen zu engagieren.

Die Agenda 2030

Ziel muss die finanzielle Nachhaltigkeit der *vier Säulen des Sozialstaats* sein: die Demografiefestigkeit der Gesetzlichen Renten- und Krankenversicherung, der Sozialen Pflegeversicherung und der Familienpolitik. Das Zeitfenster für eine Weiterentwicklung der längst überholten Agenda 2010 hin zu einer Agenda 2030 ist günstig: Während die Finanzierungsdefizite der Sozialversicherungen zu Beginn der 2000er-Jahre erheblich waren, ist ihre Lage derzeit erfreulich.

Die Jahre zwischen 2020 und 2050 sind für die Sicherungssysteme von besonderer Bedeutung. Die geburtenstarken Jahrgänge vom Beginn der fünfziger bis Ende der sechziger Jahre werden dann das Rentenalter erreicht haben oder erreichen, während gleichzeitig die Anzahl der Personen im erwerbsfähigen Alter abnimmt.

Die Agenda 2010, unter der rotgrünen Bundesregierung von Gerhard Schröder und Joschka Fischer eingeleitet, gilt vielen als Ursache für eine wachsende Ungleichheit zwischen Arm und Reich, die Erosion der Mittelschicht und sich verbreitende Abstiegsängste. Die Zahlen sprechen indes eine andere Sprache: die Analyse der Einkommensverteilung zeigt, dass die Ungleichheit lediglich moderat zugenommen hat. Auch die Größe der Mittelschicht ist weitestgehend stabil geblieben.

1) Herausforderung Altersarmut

Der demografische Wandel stellt vor allem die Gesetzliche Rentenversicherung (GRV) vor enorme Herausforderungen. Umlagefinanzierte Rentensysteme können nur auszahlen, was sie gleichzeitig einnehmen. Der Staat wird in Zukunft die Lücken in den Rentenkassen nicht mehr stopfen können. Das verhindert zum einen die „Schuldenbremse" im Grundgesetz, zum anderen hat der Staat es versäumt, Rücklagen zu bilden.

Betroffen davon sind vor allem Jüngere und Frauen. Für künftige Generationen bedeutet die von der Großen Koalition jüngst beschlossene Leistungsausweitung von Mütterrente und Rente mit 63 ein Absenken des eigenen Rentenniveaus bei Eintritt und höhere Rentenbeiträge. Die beschlossenen Maßnahmen werden nach Ansicht des Sachverständigenrats zu negativen Beschäftigungs- und Wachstums- sowie unerwünschten Verteilungseffekten führen. Ein weiteres Absenken des Rentenniveaus stellt die Philosophie des Generationenvertrags in Frage. Wenn sich der Rentenanspruch eines Durchschnittsverdieners kaum noch vom Sozialhilfeanspruch unterscheidet, verliert das Rentensystem seine Akzeptanz bei der Bevölkerung.

In Zukunft wird das Risiko der Altersarmut deutlich zunehmen. Treffen wird es vor allem Arbeitnehmer mit geringerem Beschäftigungsschutz, Teilzeitbeschäftigte und die meisten der sogenannten Solo-Selbständigen. Drei von vier Minijober sind Frauen. Viele von ihnen sind unzureichend versichert und sorgen zu wenig vor. Noch ist Armut im Alter kein gesellschaftliches Problem. Heute beziehen lediglich 2,4 Prozent der über 65-Jährigen eine Grundsicherung im Alter, die Sozialhilfe für Ältere. Ein großer Teil von ihnen hat nie etwas in die Rentenkasse eingezahlt.

Der Anstieg der Altersarmut lässt sich durch zwei Maßnahmen entschärfen:
1. Die Einbeziehung aller Selbständigen in die GRV, sofern sie nicht bereits über ein anderes obligatorisches Alterssicherungssystem abgesichert sind.
2. Eine aus Steuern finanzierte Aufstockrente, die verhindert, dass Versicherte nach dem Ausscheiden aus dem Erwerbsleben auf Fürsorgeleistungen angewiesen sind. Auch für die Gruppe der Geringverdiener muss sich Arbeit und Leistung lohnen.

Künftige Altersarmut lässt sich am wirksamsten durch präventive Maßnahmen wie Bildung und

Qualifizierung sowie einen Ausbau der privaten und betrieblichen Altersvorsorge verhindern.

Der bereits erwähnte Anstieg der Lebenserwartung wird eine weitere Erhöhung des Renteneintrittsalters möglich und nötig machen. Von Franz Müntefering, dem früheren Arbeits- und Sozialminister, stammt die Rechenformel „Lebenserwartung minus 15 Jahre gleich Renteneintritt". Bei einer aktuellen Lebenserwartung von 82 Jahren beträgt das Einrittsalter exakt 67. Der Durchschnittsbürger im Jahr 2050 wird 87 bzw. 90 Jahre alt. Das heißt, das Renteneintrittsalter läge nach der Müntefering-Formel bei 72 bzw. 75 Jahren. Dank einer gesünderen Lebensweise, verstärkter Prävention und des medizinisch-technischen Fortschritts dürfte dies auch möglich sein.

2) Gesetzliche Krankenversicherung

Auch bei der gesetzlichen Krankenversicherung besteht eine erhebliche demografiebedingte Nachhaltigkeitslücke. Das Ziel muss sein, den Anstieg der Gesundheits- von den Arbeitskosten zu entkoppeln. Zukünftig sollten daher alle Ausgabensteigerungen im Gesundheitswesen durch einkommensunabhängige Zusatzbeiträge mit Sozialausgleich finanziert werden.

Steigende Gesundheitsausgaben sind vor allem Folge einer längeren Lebenserwartung und des damit verbundenen medizinisch-technischen Fortschritts. Ihr Beitrag für mehr Wachstum und Beschäftigung wird in Deutschland noch zu selten gesehen und diskutiert. Der private Gesundheitsmarkt ist in den vergangenen Jahren stärker und dynamischer gewachsen als der öffentliche und macht heute mehr als 60 Milliarden Euro im Jahr aus.

3) Soziale Pflegeversicherung

Aufgrund des demografischen Wandels wird es auch zu einem Anstieg der Pflegebedürftigen kommen. Die 1995 eingeführte Pflegeversicherung hätte, hierin sind sich fast alle Ökonomen einig, nie als ein rein umlagenfinanziertes System eingeführt werden dürfen. Für einen Wechsel hin zur Kapitaldeckung ist es heute jedoch zu spät. Eine Erhöhung des gesetzlichen Pflegebeitrags würde den Faktor Arbeit ebenso belasten wie einen Verstoß gegen das Gebot der Generationengerechtigkeit bedeuten.

Gerechter und nachhaltiger wären ein intergenerativer Lastenausgleich und ein Beitragssplitting, bei dem die Rentner einen höheren Beitragssatz tragen müssten als die Erwerbstätigen. Das ist auch gerecht, da die aktuelle Generation der Rentner die ihnen zur Verfügung stehenden Leistungen der Sozialen Pflegeversicherung in jungen Jahren nicht mitfinanziert haben. Eine Beitragssenkung würde es den Jüngeren ermöglichen, selbst Vorsorge zu betreiben, um in der Rentenphase den höheren Beitrag finanzieren zu können.

4) Familienpolitik

Ein finanziell großer und bedeutsamer Teil der Sozialpolitik ist die Familienpolitik. In familien- und ehebezogene Leistungen fließen rund 200 Milliarden Euro jährlich, das sind 8 Prozent des BIP. Auch hier gilt es, die Maßnahmen stärker auf das Ziel der Chancengleichheit und eine Erhöhung der Geburtenrate auszurichten. Zentral sind hier der weitere Ausbau der Ganztagsbetreuung und die bessere Vereinbarkeit von Beruf und Familie – für Frauen und Männer. Die demografischen Fragen werden wir nur beantworten, wenn wir die Herstellung von Chancengleichheit nicht nur als Investition in Kinder und Jugendliche, sondern in eine gute Zukunft aller betrachten (siehe Kapitel 3).

Den Staat vom Kopf auf die Füße stellen

Demokratie wird hierzulande in erster Linie als staatliche Veranstaltung betrachtet und nicht als politische Selbstorganisation der Gesellschaft. Die deutsche Politik ist staatsfixiert und gesellschaftsvergessen. Eine Ordnungspolitik, die sich dem Prinzip der Subsidiarität verpflichtet fühlt, setzt auf eine weitgehende Dezentralisierung und Autonomie der Staatseinheiten mit dem Ziel einer möglichst umfassenden Selbstbestimmung der Bürger über ihre individuellen und gemeinsamen Angelegenheiten. Der eigentliche Ort der Politik sind die Kommunen: Städte und Gemeinden. Alle Politik ist lokal.

Der real existierende Föderalismus verwischt jedoch die Verantwortlichkeiten und fördert Politikverdrossenheit. Ein anderes Verständnis und eine neue Ordnungspolitik gehen nicht vom Primat des Staates, sondern vom Primat der Gesellschaft aus. „Regieren" bedeutet im ursprünglichen Sinn „die Richtung bestimmen, Kurs halten": Steuern, nicht Rudern! Der Staat nimmt nach diesem Verständnis nicht die zu erfüllenden Aufgaben selbst wahr, sondern definiert die Probleme, setzt die Ziele und gestaltet die Rahmenbedingungen so, dass die Kräfte der Menschen und der Gesellschaft mobilisiert werden, um die Ziele zu erreichen und die Probleme zu lösen.

Das Dilemma der kommunalen Sozialpolitik in Deutschland besteht darin, dass die Politik zu viel selbst macht, dass sie zu viel „rudert" und darüber die Ziele und die Erfolgskontrolle vergisst. Viele Kommunen beschränken sich nicht darauf, Ziele vorzugeben und Ergebnisse zu kontrollieren. Einrichtungen, die beispielsweise nach dem Kostenerstattungsprinzip finanziert werden, haben wenig Grund, sich besonders anzustrengen, weder in ökonomischer Hinsicht (Kostensenkung) noch in sozialer Hinsicht (Qualitätsverbesserung). Das Ergebnis ist oft ein Teufelskreis mit immer höheren Kosten und immer weniger Qualität.

Der deutsche Sozialstaat ist von seiner Finanzierung zu stark auf den Bund und die Länder ausgerichtet. Der Kapitalstock der Kommunen verliert dagegen weiter an Wert. Viele Städte und Gemeinden können die nötigen Aufgaben kaum noch oder nicht mehr tätigen. Um den Substanzverlust ihrer Infrastruktur zu stoppen, müssten die Kommunen 118 Milliarden Euro investieren, hat jüngst die staatseigene Kreditanstalt für Wiederaufbau (KfW) ausgerechnet. Die Probleme der Kommunen gehen vor allem auf gestiegene Sozialausgaben zurück, etwa für die Grundsicherung im Alter.

Die Frage einer zukunftsfähigen Finanzierung der Städte, Gemeinden und Landkreise gehört im

Hinblick auf die Neuordnung der föderalen Finanzordnung 2019 ganz nach oben auf die Agenda.

Der Klassenkampf fällt aus:
Warum die Deutschen nicht reich sind

Ein altes Gespenst geht wieder um in der Welt. Es ist die Angst vor einer neuen Klassengesellschaft. Die Thesen des französischen, in den USA lebenden Ökonomen Thomas Piketty („Das Kapital im 21. Jahrhundert") haben eine neue globale Gerechtigkeitsdebatte ausgelöst. Seine zentrale These: Die Kluft zwischen Arm und Reich wird immer größer, um die Aufstiegschancen ist es schlecht bestellt. Soziale Mobilität findet nicht statt. Die Ursache sieht Piketty in einer höheren und wachsenden Rendite aus Kapitalbesitz (Grund und Boden, Sparzinsen, Dividenden, Unternehmensgewinne) im Vergleich zur Rendite aus Löhnen und Gehältern.

Die fatale Gesetzmäßigkeit, die Piketty behauptet: Kapital und Vermögen werfen mehr Ertrag ab als Anstrengung und harte Arbeit. Piketty sieht eine neue „Erbenklasse" an der Macht, die sich nicht mehr wirklich anstrengen muss. Wer reich werden will, so seine Botschaft, müsse erben oder eine reiche Frau bzw. einen reichen Mann heiraten. Diese neue Klassengesellschaft bedrohe das demokratische Versprechen, dass sich Leistung lohnt.

Allerdings sind die Zahlen, die der Forscher präsentiert, nicht ganz sauber. Seine Zahlen zeigen die Einkommen VOR Steuern. Piketty tut also so, als ob es den umverteilenden Staat nicht gibt – um dann neue Steuern zu fordern. Keine einzige Grafik in seinem 685-Seiten-Buch zeigt, ob auch die tatsächlich verfügbaren Einkommen auseinanderdriften. Im Schnitt sind die Einkommen nämlich heute genauso gleich oder ungleich verteilt wie vor 35 Jahren. Eine dramatische Fehlentwicklung ist seitdem nicht erkennbar. Europa bewegt sich gar auf dem niedrigsten Niveau der letzten 200 Jahre.

Die Kritik des neuen Stars, der in Frankreich der Sozialistischen Partei nahe steht, ist nicht neu. Eine Gesellschaft der Chancen UND der Unsicherheiten ist Piketty nicht geheuer. Seine Kritik an der Vermögensverteilung in den USA schürt alte Ängste und Vorurteile. Andere Studien deuten darauf hin, dass sich die Aufstiegschancen und die Abstiegsrisiken seit Jahrzehnten nicht verändert haben. Nur eine sehr kleine Gruppe hält sich in den USA für längere Zeit an der Spitze der Einkommenspyramide. Nur 0,6 Prozent der Haushalte schaffen es danach, zehn Jahre lang Einkommen in der Gruppe der höchsten 1 Prozent der Spitzenverdiener zu erlangen. In Deutschland zahlen die oberen 25 Prozent der Einkommenssteuerzahler 75 Prozent der Einkommenssteuerschuld.

Piketty schlägt als Beitrag zur Lösung der neuen Ungleichheit eine drastische Einkommenssteuer von in der Spitze 80 Prozent und global vereinbarte Vermögenssteuern vor. Zumindest den ersten Vorschlag hat der französische Präsident François Hollande auf seine Fahnen geschrieben und umgesetzt, bislang ohne den erhofften Erfolg. Frankreich ist der neue kranke Mann in Europa.

Deutschland sieht der neue Star-Ökonom im internationalen Vergleich eher als Ausnahme. Das private Vermögen der Deutschen, konstatiert Piketty, ist seit den siebziger Jahren zwar auch größer geworden. Dennoch ist es wesentlich geringer als die Vermögen der europäischen Nachbarn. Diese verfügen über weit mehr privates Kapital als wir Deutschen. Zu einem ähnlichen Befund kam 2013 bereits die Europäische Zentralbank (EZB). Sie erregte mit einer Studie Aufsehen, wonach der durchschnittliche Deutsche ein Vermögen von 5.400 Euro hat, während der Italiener über 174.000 und der Spanier über 182.000 Euro verfügt. Die

Ursache für diesen Vermögensunterschied ist einfach: Die Deutschen sind ein Volk der Mieter und nicht der Hausbesitzer. Die private Vorsorge der Deutschen ist im internationalen Vergleich zu gering. So liegt die Eigenheimquote lediglich bei 38 Prozent, nötig wären jedoch 70 Prozent oder mehr wie bei unseren europäischen Nachbarn. Länder wie Spanien und selbst Griechenland sind aufgrund einer höheren Eigentumsquote reicher als der Durchschnittsdeutsche. Auch die Einkommensungleichheit ist in Deutschland seit zehn Jahren nicht mehr gestiegen und sie ist geringer als in den meisten OECD-Staaten.

Pikettys Analyse und Argumentation ist sehr französisch und defensiv, trifft aber den bekannten wunden Punkt. Wie man mehr Menschen an einer höheren Kapitalrendite teilhaben lassen kann, etwa durch eine Privatisierung und Kapitaldeckung der Rentenversicherung, ist die wichtigere Frage als die nach gerechten Steuersätzen. Die Frage der Zukunft wird sein, wie breite Schichten Vermögen bilden können.

Die vergessene Mitte

Eine größere Gleichheit lässt sich zwar durch eine stärkere direkte Umverteilung über Steuern erreichen. Allerdings gehört Deutschland heute bereits zu den Ländern mit der höchsten staatlichen Umverteilung.

Die Steuereinnahmen sind auch in diesem Jahr (2014) wieder auf einem Rekordhoch. Selbst Gewerkschaften fordern inzwischen Steuersenkungen in Form der Abschaffung der kalten Progression. Tarifbeschäftigte in der Metallindustrie und der Chemiebranche zahlen oft bereits den Spitzensteuersatz. Wer heute nur ein Drittel mehr verdient als der Durchschnitt, liegt mit jeder Gehaltserhöhung im Spitzenbereich.

Ende der fünfziger Jahre musste man zwanzigmal so viel verdienen wie der typische Steuerzahler, um den Spitzensteuersatz zu erreichen. Die real existierende Progression ist weder sozial noch leistungsgerecht. Die hart arbeitende Mitte hat in der Politik keine Lobby. Von Mindestlohn, Mütterrente und Rente mit 63 profitiert diese Mitte nicht.

Das eigentliche Problem ist nicht die Einnahmesituation, sondern die Ausrichtung des Staatshaushalts und die mangelnde Effektivität der Ausgaben. So geben die Deutschen in Europa mit am meisten aus für soziale Ziele wie Familien und

Renten, landen jedoch bei der Messung der Ziele wie Geburten oder Generationengerechtigkeit nur auf einem der mittleren Plätze.

Der Steuerstaat hat sich in den letzten Jahrzehnten zulasten der Mittelschicht entwickelt. Deutschland greift nach Belgien bei einem durchschnittlich verdienenden Single am härtesten zu. Bis Juli arbeitet der Deutsche im Schnitt allein für den Staat – länger arbeiten nur Griechen, Franzosen und Belgier. Selbst die skandinavischen Staaten mit traditionell hohen Lasten und ausgebauten Sozialstaaten liegen vor Deutschland.

Während die Bedingungen für Spitzenverdiener sehr gut sind und Geringverdiener steuerbefreit sind, sind viele staatliche Leistungen für den Durchschnittsarbeitnehmer eingeschränkt worden. So sind die Kosten für private Altersvorsorge, Weiterbildung, der Erwerb einer Immobilie und die Fahrtkosten zum Arbeitsplatz reduziert worden.

Die Deutschen sparen zwar viel, aber falsch und mit wenig Gewinn. Sparbücher, Tages- und Festgeldkonten sind angesichts niedriger Zinsen ein Verlustgeschäft. Aktien, Finanzanlagen und Immobilien haben in den letzten Jahren enorm an

Wert gewonnen. Kapitalrenditen in wachstumsstärkeren Ländern wie USA, China, Indien oder Brasilien sind langfristig höher als in Europa. Unter den OECD-Ländern vertrauen die Deutschen zu stark auf Einnahmen aus der gesetzlichen Rentenversicherung.

Der Anteil der kapitalgedeckten Einkommen am gesamten Alterseinkommen liegt in Deutschland mit etwa 17 Prozent in Höhe des OECD-Durchschnitts und damit deutlich unter dem Anteil der Kapitaleinkommen am Volkseinkommen. Ziel muss sein, den Anteil kapitalgedeckter Alterseinkommen ungeachtet der aktuellen, aber sich in absehbarer Zeit einem Ende zuneigenden Niedrigzinsphase zu erhöhen.

Voraussetzung für mehr Vermögen und Wohlstand ist eine Entlastung der unteren und mittleren Einkommen. Das deutsche Steuersystem basiert im europäischen Vergleich zu stark auf dem Faktor Arbeit. Die OECD schlägt in ihrem neuen Deutschlandbericht eine höhere Besteuerung von Immobilien vor.

Die beginnende Alterung der Gesellschaft wird jedoch Wachstum und Wohlstand kosten. Die Deutschen müssen ihr Kapital in Zukunft mehr arbeiten lassen, wenn sie ihren Lebensstandard halten wollen. Der Zugang zu Aktien und Börsen ist egalitärer und gleicher als der Zugang zu Arbeits- und Heiratsmärkten. Das falsche Sparen und wenig gewinnbringende Anlageverhalten der Deutschen liegt auch an einer unzureichenden finanziellen Kompetenz. Mehr Bildung in Finanzfragen wäre dringend notwendig.

Neo-Sozial: die Agenda

1. **Mehr Gerechtigkeit zwischen den Generationen:** *Die Alten von morgen arbeiten länger und entlasten dadurch die Jüngeren. Die neue Renteneintrittsformel: Lebenserwartung minus 15 Jahre.*
2. **Mehr Kinder!** *Das Steuerrecht berücksichtigt stärker den Faktor Kind und weniger den Faktor Ehe.*
3. **Steuern, nicht Rudern!** *Das staatliche Handeln orientiert sich stärker an seinen Wirkungen und Zielen. Dazu gehört auch eine Praxis und Kultur der Evaluierung von Gesetzen.*
4. **Politik für die Mitte.** *Vom Ausbau des Sozialstaats profitieren nur Minderheiten. Die Mehrheit der arbeitenden Arbeitnehmer hat von sozialen Wohltaten wie Mindestlohn, Rente mit 63 und Mütterrente wenig.*
5. **Besser umverteilen!** *Deutschland ist bereits ein Land mit einer hohen Umverteilung. Das Problem ist ihre Zielgenauigkeit. Maßnahmen wie die neue Rentenreform, das Kindergeld oder das Ehegattensplitting sind teuer und nützen eher den sozial Stärkeren als den sozial Schwachen. Entlastet werden müssen vor allem Geringverdiener.*
6. **Mehr Netto vom Brutto!** *Der Wegfall der kalten Progression, eine geringere Besteuerung des*

Faktors Arbeit und höhere Löhne entlasten insbesondere untere und mittlere Einkommen und sind ein Beitrag zu mehr Leistungsgerechtigkeit.

7. **Eigentum verpflichtet!** *Erbschaften und Immobilien werden stärker besteuert. Das erarbeitete Vermögen muss höher sein als das vererbte Vermögen. Wir brauchen in Zukunft gut ausgebildete Leistungsträger und keine untätige Erbengeneration.*
8. **Mehr private Vorsorge!** *Alterung kostet Wachstum und Wohlstand. Die gesetzliche Rente allein wird den gewohnten Lebensstandard im Alter nicht mehr garantieren können. Wichtiger werden private und betriebliche Altersvorsorge.*
9. **Mehr Eigentum!** *Die Eigenheimquote ist in Deutschland im europäischen Vergleich zu gering. Der Erwerb einer eigenen Immobilie ist der beste Schutz gegen Altersarmut.*
10. **Mehr Finanzkompetenz.** *Deutschland ist ein Land der finanziellen Bildungsanalphabeten. Finanzielle Allgemeinbildung gehört als Unterrichtsstoff bereits in die Grundschulen.*

2   Neo-Leistung: Aufstieg durch Bildung

„Man kann so tun, als wäre Disziplin unwichtig im Leben, aber das wäre unfair, den Jugendlichen gegenüber. Man muss sie die Erfahrung machen lassen, dass sich durch harte Arbeit etwas erreichen lässt. Warum muss es denn immer lustig sein? Das Ernsthafte ist es, was Spaß macht!"

Royston Maldoom

Deutschland ist eine Nation im Bildungsaufstieg. Zwei Drittel der Kinder wachsen unter besseren Bedingungen auf als jede Generation vor ihnen. Das andere Drittel steckt jedoch in einer fatalen Situation. Chancengerechtigkeit ist aus ökonomischen wie sozialen Gründen eine zentrale Herausforderung. Die soziale Mobilität ist in Deutschland im internationalen Vergleich unterdurchschnittlich. In kaum einem Land hängt die Zukunft eines Kindes derart von der familiären und sozialen Herkunft ab.

Das Ehrenamt des Elternvertreters gewährt viele lehrreiche Einblicke in den Schulalltag unserer Kinder. Ich mache das jetzt seit zwei Jahren in unterschiedlichen Klassen und bin begeistert, was alles möglich ist, wenn Eltern und Lehrer an einem Strang ziehen. Gleichzeitig macht einem die organisierte Verantwortungslosigkeit in der Schulverwaltung oft ratlos. Es dauert oft Monate und Jahre, bis eine neue Vertretung kommt, Schultoiletten renoviert oder die Computer endlich ans Netz angeschlossen sind. Viele Schulleiter schütteln den Kopf über das Missmanagement in der Bildungsverwaltung, trauen sich aber nicht, damit an die Öffentlichkeit zu gehen.

Der Fall der Berliner Rütli-Schule, die vor bald 10 Jahren den Berliner Senat um „Auflösung" bat, bleibt eine Ausnahme. Dabei hat sich der Brandbrief der Schulleitung damals mehr als gelohnt. Die Schule wurde von heute auf morgen in ganz Deutschland bekannt und bekam Millionen Euro. So schnell kann es gehen in der „Bildungsrepublik Deutschland" (Angela Merkel)!

Unser ältester Sohn wurde im Sommer letzten Jahres mit fünf Jahren in Berlin eingeschult. Da er erst im Oktober sechs wurde, haben wir überlegt, ihn ein Jahr zurückstellen zu lassen. Eigentlich müssen Kinder mit fünf Jahren in Berlin eingeschult werden, wenn sie bis zum Jahresende sechs werden. Immer mehr Eltern lassen ihre Kinder jedoch zurückstellen aus Angst, sie sind noch zu jung für das Abenteuer Schule. In Berlin hat sich die Zahl der Rückstellungen bei der Einschulung in den letzten Jahren von sechs Prozent (2010) auf

12 Prozent (2013) verdoppelt. Das Gegenteil von gut ist gut gemeint, sagt der Volksmund. Und hier hat er Recht. Ein weiteres Jahr schulfreie Kindheit ist aus Sicht vieler Kinder ein langweiliges viertes Jahr Kindergarten.

Den Eltern geht es oft um einen vermeintlichen Konkurrenzvorsprung: Das zurückgestellte Kind soll leichter zu den Besten gehören und bessere Chancen als die anderen haben. Das Gegenteil ist jedoch in der Regel der Fall. Dass ein Jahr Schule für die Kinder besser ist als ein zusätzliches Jahr Kindergarten, beweist ein internationales Experiment: Als man die Intelligenz von Kindern, die den Vorteil hatten, bei Schulbeginn ein Jahr älter zu sein, mit der Intelligenz von Kindern verglich, die den Vorteil eines zusätzlichen Schuljahres hatten, stellte sich heraus, dass ein Schuljahr im Hinblick auf den Intelligenzquotienten doppelt so viel brachte wie ein Lebensjahr.

Kinder sind widerstands- und leistungsfähiger als wir denken. Sie brauchen keinen „Schonraum" und keinen Schutz vor Bildung. Wir sollten unsere eigene Angst um ihre Zukunft nicht auf sie übertragen und versuchen sie zu reduzieren. Aus ängstlichen Kindern werden ängstliche Erwachsene.

Bildung ist die neue soziale Frage

Einen Trend zu „mehr Bildung" konstatieren die Autoren des Nationalen Bildungsberichts 2014. Fortschritte an allen Fronten: Kindergärten, Grundschulen, Ganztagsschulen, duale Berufsausbildung und Hochschulen. Die Bildungsbeteiligung steigt. Das ist die gute Nachricht. Die schlechte lautet: bei der sozialen Durchlässigkeit herrscht Stillstand.

Der Glaube, dass Reichtum und Besitz auf eigener Leistung und Arbeit und nicht auf Abstammung, Erbe oder Kapital beruhen, ist in Deutschland brüchig geworden. Es geht um das Wohlbefinden der Kinder. Um die Lebensqualität in einer alternden Gesellschaft. Um die technologische Zukunftsfähigkeit des Landes und den Wohlstand der Nation.

Die deutschen Schulen sind unterfinanziert und überfordert und bereiten die nächste Generation unzureichend auf das Leben vor. Etwa sechs Prozent eines Jahrgangs verlassen die Schule ohne Abschluss. Mehr als 50.000 Jungen und Mädchen. Es sind zu viele. Es gibt in Deutschland fast neun Millionen Schüler. Jedes dritte Kind, also drei Millionen Schüler, wächst in einer Risikolage auf, durch die seine Bildungschancen beeinträchtigt werden können. In manchen Regionen und Milieus kumulieren sich die Risikofaktoren: arm, alleinerziehend, arbeitslos, Migrationshintergrund und Analphabetismus.

Damit können wir uns nicht abfinden:
- aus *demografischen* Gründen: je weniger Kinder geboren werden, umso mehr wird jedes Einzelne gebraucht;
- aus *sozialen* und *finanziellen* Gründen: Bildungsarmut wird sozial vererbt, teure Transferkarrieren setzen sich fort;
- aus *moralischen* Gründen: junge Menschen haben das Recht auf ein Grundgerüst, das ihnen erst die Chance gesellschaftlicher Teilhabe ermöglicht.

Wenn wir es schaffen, die Zahl der Risikoschüler wirksam zu reduzieren, ließen sich nach einer Studie der Bertelsmann Stiftung bis zum Jahr 2020 volkswirtschaftliche Erträge von fast sieben Milliarden Euro erzielen, bis zum Jahr 2030 sogar fast 70 Milliarden. Das ist mehr als heute in fast allen Bundesländern an öffentlichen Geldern für die Schulen ausgegeben wird!

Bildung ist die entscheidende Frage des 21. Jahrhunderts. Der Zugang zum Arbeitsmarkt wird über das Bildungssystem entschieden. Die Überwindung von Bildungsarmut und die Gewährleistung von Chancengleichheit ist das dringendste bildungspolitische Problem der nächsten Jahre. Der frühkindlichen Bildung kommt hier eine entscheidende Bedeutung zu. Zahlreiche Studien belegen, dass die Chancen eines Kindes mit Migrationshintergrund, Abitur zu machen, genauso groß sind wie die eines Kindes, deren Eltern Akademiker sind, wenn es bereits mit drei Jahren eine Kita besucht.

Mehr Gerechtigkeit durch mehr Leistung: Das wäre ein neuer Sound im deutschen Bildungssystem, das den Leistungsbegriff verpönt hat wie kein anderer Sektor. In einer chancengerechten Bildungsgesellschaft ist jeder Einzelne selbst verantwortlich, wenn er beruflich scheitert. Bis dahin ist es noch ein weiter Weg in Deutschland. Die berufliche Zukunft hängt in keinem Land derart eng von der sozialen Herkunft ab wie hierzulande. Für ein Land, das im 21. Jahrhundert zur „Bildungsrepublik" aufsteigen will, ist das ein Armutszeugnis.

Integration durch Bildung

Kinder und Jugendliche wachsen in Deutschland in unterschiedlichen Welten auf. Noch nie waren die Gegensätze jedoch so krass wie heute. Während es zwei Dritteln der Kinder und Jugendlichen heute so gut wie noch nie geht, wächst ein Drittel unter prekären Bedingungen auf. Mit diesem „Verlierer-Drittel" müssen wir uns stärker beschäftigen.

Oft wachsen diese Kinder, die zur Gruppe der „Bildungsverlierer" zählen, in Migrantenfamilien oder in Familien mit Alleinerziehenden auf. Fast vier Millionen Kinder sind von mindestens einer der folgenden „Risikolagen" betroffen: Die Eltern sind arbeitslos, haben ein geringes Einkommen und/ oder verfügen über eine geringe Ausbildung. Die Risikolagen sind regional unterschiedlich verteilt. In den Stadtstaaten leben ca. 40 Prozent der Kinder in mindestens einer Risikolage.

Eine neue Studie der Arbeitsgemeinschaft Kinder- und Jugendhilfe zeigt, dass diese Kinder den Faktoren Armut, Arbeitslosigkeit und Unbildung der Eltern oft hilflos ausgesetzt sind. Um sie aus dieser Lage herauszuholen, braucht es einen neuen Pakt für Bildung. Dieser Pakt wird zwischen Bund, Ländern und Kommunen geschlossen und sieht im Kern den Aufbau von „lokalen Bildungsbündnissen" vor.

Die Bündnisse werden den lokalen Bedürfnissen vor Ort gerecht und entwickeln ihre eigenen Organisationsformen. Ihre unterschiedlichen Angebote sollten sich möglichst unter einem Dach befinden, sie sollten eine wirkungsvolle Zusammenarbeit von Bildungs- Sozial-, Gesundheits- und Gemeinweseneinrichtungen pflegen, mit Schulen und außerschulischen Betreuungsangeboten zusammenarbeiten und besonders auf die Integration sozial isolierter oder benachteiligter Familien achten; die Ergebnisse und die Effektivität ihrer Arbeit extern und intern evaluieren und Fortbildung für Erzieher/innen und Lehrer/innen anbieten.

Für das Aufwachsen und die Chancen von Kindern und Jugendlichen sind drei Institutionen wichtig: Familie, Schule, Jugendhilfe. Es kommt auf alle drei Bereiche und ihr Zusammenwirken an. Bisher hat man gefragt: Wer darf was? Wer ist zuständig? Familie oder Schule oder Jugendamt? Die Antwort hieß bislang: „Die Familie erzieht, die Schule unterrichtet, die Jugendhilfe und Kita betreuen. Die Frage muss jetzt lauten: Was kann jede dieser drei Institutionen und können andere Akteure beitragen für ein erfolgreiches Aufwachsen der Kinder und Jugendlichen? Wie lassen sich Gemeinden und Städte als lokale Verantwortungsgemeinschaften organisieren, die eine soziale Bewegung für alle Kinder organisieren?

Bildung, Betreuung und Beratung aus einer Hand

Krippe, Kindergarten, Hort und Schule in ihrer jetzigen Form sind Einrichtungen des 20. Jahrhunderts. Für das 21. Jahrhundert werden neue Formen von Einrichtungen benötigt, in denen vielfältige Angebote für Kinder, Eltern und Fachkräfte miteinander verbunden werden. Eine neue Form sind die Familienzentren. Diese leisten als Bildungs-, Betreuungs- und Beratungsinstitutionen einen Beitrag, dass Kinder gesünder und sicherer aufwachsen, mit Freude lernen und ihre Eltern sich für sie engagieren.

Die Qualität der vorschulischen Bildung und Betreuung hat unmittelbaren Einfluss auf eine bessere kognitive und soziale Entwicklung der Kinder. Je besser die Erzieher/innen qualifiziert sind, umso höher ist die Qualität der Einrichtung. Die besten Erfolge erzielen Einrichtungen, die Bildung, Erziehung und Betreuung auf hohem Niveau integrieren, d.h. Einrichtungen, die sich um das körperliche und emotionale Wohlbefinden der Kinder ebenso kümmern wie um deren kognitive Entwicklung und die Familien der Kinder aktiv einbeziehen.

Es ist besser und effizienter, die Eltern von Kindern aus bildungsfernen Kreisen zu informieren und zu motivieren. Die allermeisten Eltern wollen das Beste für ihre Kinder. Eine „Kitapflicht" ist daher der falsche Weg und unterstellt, dass Eltern willentlich das Falsche für ihre Kinder tun.

Auf die Lehrer und Schulleiter kommt es an!

Als Odysseus in den Trojanischen Krieg zog, vertraute er seinen kleinen Sohn Telemachos, seinem besten Freund, an. Dieser Freund hieß Mentor. Mentoren des Lebens – die Rede ist von der wichtigsten Berufsgruppe in Deutschland: den Lehrern. Sie entscheiden über Zukunftschancen, sozialen Aufstieg und das Gelingen von Integration. Dennoch genießt der Beruf in Deutschland kein hohes Ansehen. Im „Global Teacher Index" belegt Deutschland nur Rang 16 von 21. In Finnland gilt Lehrer als Elitejob. Und bei uns?

Neue Studien belegen, dass nicht die Anzahl der Schüler oder die Struktur einer Schule, sondern die Qualität des Unterrichts über den Erfolg eines Schülers bestimmt. Insbesondere dann, wenn sie Freiheiten bei der Entscheidung über den Unterrichtsstoff haben. Zu diesem Schluss kommt der neuseeländische Bildungsforscher John Hattie. Er hat über 800 Studien ausgewertet und insgesamt mehr als 138 Einflussfaktoren für den Lernerfolg ausgemacht. Nicht auf die Schulorganisation oder Schulpolitik kommt es an, sondern auf die Lehrer. Es geht also nicht darum, Schule und Bildung permanent neu zu denken. Es geht darum, genügend Praktiker zu haben, die motiviert und engagiert einen Mix an Lernmethoden anwenden, Tag für Tag.

Die Besten sollen Lehrer und Schulleiter werden ...

Nur wenige gute Schüler wollen später Lehrer werden. Nach einer neuen Studie des Stifterverbandes können sich von den deutschen Abiturienten mit einem guten oder sehr guten Notendurchschnitt 83 Prozent nicht vorstellen, Lehrer zu werden. Die meisten von ihnen schrecken die fehlenden Aufstiegsmöglichkeiten und die starren Vergütungsstrukturen ab. Wir brauchen ein neues Bild vom Lehrerberuf: gut bezahlt, fordernd, dynamisch und abwechslungsreich.

In Sachen Karrierewege und bessere Verdienstmöglichkeiten kann Deutschland vom PISA-Sieger Singapur lernen. Lehrer können sich dort zum „Senior-Spezialisten" entwickeln und von vornherein für eine Schulleiter-Laufbahn entscheiden. Durch eigene Assistenten im Unterricht werden sie von Verwaltungs- und anderen Aufgaben entlastet. Und warum wird der Gymnasiallehrer besser bezahlt als die Grundschullehrerin? Problematisch ist auch, dass zu wenige Migranten und Männer sich für den Lehrerberuf entscheiden. Während Deutschlands Schulen immer bunter und vielfältiger werden, fehlen eine diverse Lehrerschaft und entsprechende Rollenvorbilder.

Es ist gut, wenn erste Bundesländer wie Hessen sich intensiver mit der Frage der Lehrerbildung beschäftigen. Zu viele Lehrer scheitern in Deutschland. Nach einer „Lehrer-Belastungsstudie" sind von 100 Lehrern nur 17 in ihrem Beruf glücklich. 60 Prozent aber sind es nicht und stellen aus Sicht der Studie „Risikotypen" dar, weil sie entweder überfordert sind oder ganz resigniert haben. An „Burnout" leiden oft die Lehrer, die nie für den Beruf „gebrannt" haben. Es braucht mehr Aufstiegs- und Veränderungsmöglichkeiten. Es geht um mehr Professionalisierung: gemeinsames Arbeiten im Team, flachere Hierarchien und mehr mittlere Führungsebenen.

In den nächsten Jahren gehen zwei Drittel der deutschen Lehrer in den Ruhestand. Eine einmalige Chance, in den kommenden Jahren nur die

Besten eines Jahrgangs einzustellen – und sie entsprechend zu bezahlen. Der Beruf des Lehrers ist entscheidend für den Lernerfolg der Schüler und für den wirtschaftlichen Erfolg eines Landes. Maßstab für eine adäquate Bezahlung sollten daher die Lernfortschritte der Schüler sein. Dies gilt vor allem für den Leiter einer Schule. Deutsche Schulleiter werden im Unterschied zu ihren schweizerischen oder österreichischen Kollegen nicht zu modernen Managern ausgebildet und entsprechend bezahlt. Stattdessen setzen die deutschen Bundesländer allein auf ihren Idealismus. Die Amtszulage für einen Schulleiter liegt im Vergleich zum Lehrer bei 100 bis 200 Euro im Monat. Das ist zu wenig für ein Land, das arm an Rohstoffen ist.

... und die Schlechtesten müssen gehen können!

Was aber mit Lehrern, die weit unter dem Schnitt bleiben oder überfordert sind? Die Entlassung von Lehrern ist nach dem deutschen Beamten- und Personalrecht nicht möglich. Deutsche Schulen und ihre Schulleiter haben keine echte Personalhoheit. Sie dürfen sich ihre Lehrer weder selbst aussuchen noch können sie gescheiterte Lehrer entlassen. Im Interesse der Kinder und der Kollegen muss dies geändert werden.

Non vitae, sed scholae discimus

Noch eine gute Nachricht: Wir haben in Deutschland keinen generellen Bildungs- oder Erziehungsnotstand. Millionen von Eltern erziehen ihre Kinder engagiert und liebevoll. Hunderttausende von Lehrern geben ihr Bestmöglichstes. Eine pauschale Kritik an Eltern und Lehrern ist nicht angebracht. Dennoch klagen beide über die wachsende Belastung durch Lernstoff und Curricula: die Schüler lernen immer weniger für das Leben und immer mehr für die Schule.

Wir brauchen eine neue Lernkultur, eine soziale Leistungskultur. Es ist unsozial, Schüler in ein Leben zu entlassen, die nicht gelernt haben, ihre Fähigkeiten zu entwickeln und stolz auf ihre Leistung zu sein. Wer jungen Menschen die Erfahrung verweigert, dass sie etwas bewirken können und einen Unterschied machen, der versündigt sich an ihnen und an ihrer Zukunft.

Das Bildungswesen in Deutschland ist nicht nur durch anti-soziale, sondern auch durch anti-ökonomische Affekte geprägt. Schule und Bildung tragen aus Sicht vieler Eltern und Lehrer ihren Sinn und Zweck in sich selbst, sie dürfen nicht in ökonomischen Verwertungszusammenhängen gedacht werden. Es geht schließlich um Bildung, um „höhere" Bildung. So verwechseln die einen Leistung mit Druck und sehen nicht ihren persönlichen und sozialen Sinn, während die anderen von Bildung reden und von den Kompetenzen schweigen, die junge Menschen, aber auch Wirtschaft und Gesellschaft brauchen, um in Zukunft erfolgreich zu sein. So ist die Welt schön aufgeteilt: Die Leistung gehört in den Bereich der Ökonomie. Für die sozialen Dinge sorgt der Sozialstaat. Und über allem schwebt die Bildung.

Es ist dieser „Mind Set", diese geistige Programmierung, die auf keinem dieser Gebiete mehr, nicht in der Bildung, nicht in der Wirtschaft, nicht in der Gesellschaft zu befriedigenden Ergebnissen führt. Die Schulen sind ganz gewiss nicht der Ausfallbürge für alle möglichen Versäumnisse in Staat, Wirtschaft und Gesellschaft. Aber sie könnten der Ort sein, wo Menschen Fähigkeiten und Kompetenzen lernen, die sie befähigen, ihr Leben in die Hand zu nehmen; wo sie lernen, Verantwortung für sich und für andere zu übernehmen. Das können sie am besten im Sport, bei der Musik oder im Ehrenamt. Jugendliche, die sich in ihrer Freizeit mehrmals in der Woche bildungsorientiert beschäftigen, verfügen über eine wesentlich höhere Lebenszufriedenheit als andere. Die Nutzung dieser Angebote ist ebenfalls stark vom Elternhaus abhängig. Deren Kontakte und Netzwerke beeinflussen den Schulerfolg ihrer Kinder mit.

Von dem vor wenigen Jahren für Kinder aus Hartz IV-Familien eingeführten Bildungs- und Teilhabepaket der Bundesregierung profitieren bislang wenige. Nur drei Prozent der anspruchsberechtigten Kinder und Jugendlichen traten deswegen in einen Verein oder in eine Musikschule ein.

Dagegen begreifen Eltern aus höheren sozialen Schichten als Teil ihres Erziehungsauftrags, ihr Kind in der Musikschule oder im Sportverein anzumelden, um die „relative Startposition" des Nachwuchses zu verbessern. Moderne (Ganztags-)Schulen müssen aus Gründen der Chancengleichheit solche Angebote bereithalten und können dies nicht der außerschulischen Bildung überlassen. Auch die sportliche, musische und ehrenamtliche Bildung gehört an die Schulen.

Lernen durch Engagement

Kinder und Jugendliche lernen am besten durch Engagement. Lernen und Engagement muss daher stärker im Unterricht verbunden werden.

Für die Schüler heißt das:
- sie setzen sich für das Gemeinwohl ein.
- sie tun etwas für andere oder die Gesellschaft.
- sie engagieren sich aber nicht losgelöst oder zusätzlich zur Schule, sondern als Teil von Unterricht und eng verbunden mit dem fachlichen Lernen.

Aus der Forschung wissen wir: Die Projekte, die auf „Lernen durch Engagement" setzen ...
- reagieren auf tatsächlich vorhandene Probleme oder Herausforderungen in der Gemeinde,
- werden in enger Zusammenarbeit zwischen der Schule und Partnern in der Gemeinde koordiniert und durchgeführt,
- sind an zentraler Stelle in das Schulcurriculum integriert,
- bieten strukturierte Zeiten für Reflexion,
- geben die Möglichkeit zur Anwendung von in der Schule erlerntem Wissen und Kompetenzen in authentischen Problemkontexten,
- fördern soziale und persönliche Kompetenzen.

Der risikokompetente Schüler

Schülerinnen und Schüler benötigen neben sozialen Kompetenzen auch Risikokompetenzen. Der Bildungsforscher Gerd Gigerenzer schreibt in seinem neuen Buch „Risiko", dass es in Zukunft entscheidend auf drei Kompetenzen ankommt: Gesundheitskompetenz, Finanzkompetenz und digitale Kompetenz. Das beste Mittel gegen Krankheiten, Überschuldung oder übertriebenen Medienkonsum sind, so Gigerenzer, risikokompetente Bürger. Gigerenzer schätzt zum Beispiel, dass 50 Prozent aller Krebserkrankungen auf das individuelle Verhalten zurückzuführen sind: Rauchen, Fettleibigkeit, Alkoholmissbrauch, Bewegungsmangel. All diese Erkrankungen ließen sich durch eine gesunde Lebensweise verhindern. Je früher wir damit anfangen umso besser.

Zum wachsenden Problem an deutschen Schulen wird der Umgang mit den neuen Medien, Smartphones und Internet. Zur entscheidenden Herausforderung wird die digitale Selbstbeherrschung: die Fähigkeit, digitale Technologien zu beherrschen, statt sich von ihnen beherrschen zu lassen. Vier Prozent der 14- bis 16-Jährigen sind heute in Deutschland internetsüchtig. Tendenz steigend. Auch hier gilt: digitale Kompetenz und Selbstbeherrschung müssen möglichst früh vermittelt werden. Das Ziel ist eine Generation, die das Wissen und den Willen hat, das eigene Leben selbst in die Hand zu nehmen und zu bewältigen. Dafür braucht es vernetzte und kooperierende Einrichtungen mit mehr Freiheit und Autonomie.

Mehr Freiheit wagen!

Wir müssen Schulen aus den starren öffentlichen Organisationsstrukturen herauslösen. Schulträgerschaften werden über öffentlich- oder privatrechtliche Stiftungen oder über gemeinnützige Organisationsstrukturen geregelt. Die Finanzierung erfolgt über Platzgelder oder über Bildungsgutscheine. Warum nicht einen produktiven Wettbewerb zwischen den Schulen und den Schultypen ins Leben rufen? So werden gute und schlechte Schulen sichtbar. Das real existierende Schulsystem hingegen kennt nur versagende Schüler, die dann frühzeitig sortiert werden, nicht aber versagende Schulen und Lehrer. Ein geordneter Wettbewerb zwischen den Schulen stärkt die Entscheidungsmöglichkeiten der Eltern und überlässt ihnen die Entscheidung, ob sie Gemeinschaftsschulen oder ein gegliedertes Schulsystem bevorzugen.

Verwöhnt, verhaltensauffällig und verwahrlost?

„Schluss mit Förderwahn und Verwöhnung" lautet ein aktueller Bildungs-Bestseller. Geschrieben hat ihn Deutschlands Oberlehrer, der Präsident des Deutschen Lehrerverbandes Josef Kraus. Die zentrale These: Viele Eltern verwöhnen ihre Kinder zu sehr, trauen ihnen immer weniger zu, überfordern sie aber gleichzeitig mit gutgemeinten Maßnahmen. Fragt man Eltern, wovor sie sich bei ihren Kindern am meisten fürchten, lauten die Antworten oft nicht Überforderung oder Krankheiten, sondern Verwöhnung.

Belagern wir unsere Kinder mit unserer Fürsorglichkeit und mischen uns zu sehr ein? Unser sechsjähriger Sohn hat ein katastrophales erstes Schulhalbjahr hinter sich. Seine hoch motivierte Lehrerin wurde gleich zu Beginn schwanger und fiel dann wegen längerer Krankheit komplett aus. Aufgrund weiterer Fehlzeiten konnte der Schulleiter keine adäquate und ständige Vertretung organisieren. Oft hatten die Kinder mehrere Lehrer und Erzieher an einem Tag bis eines Tages eine Lehramtsstudentin übernahm und zumindest einigermaßen für Kontinuität sorgte. Ohne das aktive Einschreiten und Engagement der Eltern und Elternvertreter hätten wir wahrscheinlich bis zum nächsten Halbjahr damit warten müssen.

In der Schule ist der Ausnahmefall zum Normalfall geworden. Es ist gut, dass Eltern dieses Chaos nicht länger hinnehmen und sich einmischen. Aber auch sie stoßen an Grenzen. Eine Lobby für Bildung gibt es hierzulande nicht. Während die öffentlichen Ausgaben für Bildung und Förderung stagnieren oder gekürzt werden, wachsen die privaten Ausgaben für Nachhilfe und Privatschulen. Berlin zahlt für seine sämtlichen Schulen im Jahr 2,5 Milliarden Euro. Gleichzeitig wachsen die Ausgaben für Hartz IV Jahr für Jahr.

Inzwischen gilt jedes fünfte Kind als verhaltensauffällig. Die meisten dieser Kinder sind emotional und sozial gestört. Die Gründe sind vielfältig: instabile Beziehungen im Elternhaus, zunehmender Medienkonsum, schlechte Ernährung und Bewegungsmangel. Mit diesen Kindern und Klassen lassen wir die Lehrer oft allein. Während in den nordischen Ländern wie Schweden und Finnland ein Schulpsychologe auf 500 bis 1.000 Kinder kommt, sind es in Deutschland derzeit 16.000 Kinder.

Werden wir alle Akademiker?

Der Trend geht in eine eindeutige Richtung auch in Deutschland: Immer mehr haben immer höhere Bildungsabschlüsse. Werden wir eines Tages alle Akademiker? Die Bildungsexpansion dauert weiter an. Erstmals besitzt heute eine Mehrheit der Schulabsolventen die Hochschulreife. Inzwischen studieren mehr als 2,6 Millionen junge Leute, fast doppelt so viele wie vor 15 Jahren. Das Ziel, die Zahl weiter zu steigern, kommt aus vielen Richtungen: Politik, Wirtschaft – und aus der Elternschaft. Der klassische Weg – Hochschulreife, Studium, Berufstätigkeit – wird seltener. Die Universitäten halten jedoch an ihrem elitären Kurs fest und können sich diesen noch leisten. In wenigen Jahren wird das Angebot an Studierenden aus demografischen Gründen drastisch zurückgehen. Die Akademisierung erfasst dann auch Berufe, die mit Hochschule wenig bis nichts zu tun hatten: Pflege, Erzieher, Handwerk.

70 Prozent der Deutschen könnten heute studieren. Von den beruflich Qualifizierten studieren jedoch gerade einmal drei Prozent. Es fehlen flexible Studienangebote für Berufstätige. Vor allem das Handwerk klagt in letzter Zeit über mangelnden Nachwuchs. Es fürchtet, dass das international angesehene deutsche duale System, das Ausbildung und Studium verbindet, durch eine reine Akademisierung ersetzt werden könnte. Sie werden sich in Zukunft stärker anstrengen, junge Leute für das Handwerk zu begeistern und selbst Studiengänge erfinden müssen. Denn mit einem Studium verbindet der Einzelne ein höheres Einkommen und größere Aufstiegschancen. Eine Akademisierung bedeutet auch für die Wirtschaft Chancen. Von einer höheren Durchlässigkeit der Hochschulen profitieren insbesondere die Ausbildungsberufe.

Neo-Leistung: die Agenda

1. **Bildung zahlt die besten Zinsen!** *Deutschland investiert mehr Geld in die vorschulische und schulische Bildung.*
2. **Integration durch Bildung:** *Eltern sind die wichtigsten Erziehungs- und Bildungspartner. Mehr Information und Motivation ist der effizienteste Weg zu mehr Bildung.*
3. **Die Besten sollen Lehrer werden, die Schlechten müssen gehen!** *Gute Lehrer machen den Unterschied. Deutschland braucht gescheite Kinder und keine gescheiterten Lehrer. Wir brauchen Lehrer mit Migrationshintergrund und mehr männliche Lehrer vor allem in den Grundschulen.*
4. **Längeres gemeinsames Lernen führt zu besseren Leistungen.** *Die frühe Aufteilung der Schüler im mehrgliedrigen Schulsystem behindert die Chancengleichheit, ohne dass dadurch das Leistungsniveau insgesamt gesteigert wird.*
5. **Soziales Lernen und Risikokompetenzen werden wichtiger.** *Das Lernen sozialer Kompetenzen, von Verantwortung und Werten ist genauso wichtig wie die klassischen Fächer. „Lernen durch Engagement" (Service Learning) wird Bestandteil des Unterrichts. Ziel ist der soziale und risikokompetente Schüler.*

6. **Mehr Freiheit für die Schulen!** *Internationale Analysen zeigen, dass Schüler dort am meisten lernen, wo die Schulen weitgehend autonom sind und insbesondere über die Einstellung und Entlassung von Lehrern entscheiden können.*
7. **Bildung demografiefest finanzieren!** *Deutschlands Kitas, Schulen und Hochschulen brauchen eine verlässliche und bessere finanzielle Ausstattung. Der „Solidarpakt Ost", der 2019 ausläuft, wird ausschließlich für Bildung und Integration verwendet.*
8. **Mehr Akademiker!** *Statt 70 Prozent studieren nur drei Prozent der Erwachsenen in Deutschland. Angesichts der demografischen Entwicklung und des Fachkräftemangels braucht es mehr und besser ausgebildete Arbeitnehmer.*
9. **Mehr Durchlässigkeit!** *Die Hochschulen öffnen sich für beruflich Qualifizierte. Sinnvoll ist der Aufbau von regionalen Kompetenzzentren nach dem dänischen und holländischen Vorbild.*
10. **Weiterbildung ist Pflicht!** *In einer Arbeitsgesellschaft des längeren Lebens macht eine Trennung in Bildungs- und Arbeitsphasen keinen Sinn mehr. Bildungsauszeiten müssen auch während des Berufslebens möglich sein.*

3   Neo-Familie: Beide Welten für Frauen und Männer

Eltern und Familien stehen hierzulande unter einem gewaltigen Erfolgsdruck. Der Druck ist im Wesentlichen hausgemacht. Die Erwartungen an Kinder, Partnerschaft und Selbstverwirklichung sind enorm. Damit ist das Risiko des Scheiterns programmiert. Das Überengagement in Beruf oder Familie erschwert die Vereinbarkeit. Mit einer Geburtenrate von derzeit 1,4 Kindern pro Frau wird jede Generation in Deutschland um ein Drittel kleiner sein als ihre Vorgängergeneration. Damit können wir uns langfristig nicht zufrieden geben, wenn die Republik nicht zum Altersheim werden soll.

Die demografische Entwicklung zwingt uns alle zum Umdenken. Es ist an der Zeit sich über eine bessere und gerechtere Organisation der Arbeits- und Familienzeit Gedanken zu machen. Der Schlüssel dazu ist nicht das Geld. Geld zeugt keine Kinder. Der deutsche Staat pumpt rund 200 Milliarden Euro pro Jahr in die Förderung der Familien. Trotzdem sinkt die Geburtenrate. 2014 wurden nur halb so viele Kinder geboren wie 1964.

Die Unterschiede in der Geburtenrate zwischen Deutschland, Frankreich und den nordischen

Ländern sind kulturell, nicht finanziell bedingt. Wie kann der nötige Kulturwandel gelingen? Auf welche Akteure und Institutionen kommt es an? Und welche Verantwortung haben wir selbst?

Das Traumpaar der Familienministerin

Wir könnten das Traumpaar der Familienministerin sein. Meine Partnerin und ich arbeiten ca. 32 Stunden die Woche und kümmern uns in gleicher Weise um unsere drei Kinder. Meist verlässt sie um kurz vor 8 mit den beiden Schulkindern das Haus, während ich mit dem jüngsten Sohn noch ein Buch lese, bevor er um halb 9 in seine Kita gleich um die Ecke geht. Wenn eines der Kinder krank wird, kümmern wir uns abwechselnd oder bitten die Großmutter zu kommen. Ab und zu kommt eine junge Studentin, holt die Kinder ab oder kümmert sich um sie, wenn wir nicht können oder ausgehen wollen (was wir regelmäßig tun).

Viele wünschen sich Kinder, bleiben aber kinderlos. In Europa will niemand so wenige Kinder wie die Deutschen. Was sind die Ursachen für diese Armut an Kindern? Es sind vor allem vier Gründe.

Grund 1: Es fehlen zeugungswillige Männer
In Deutschland entscheiden sich mehr Männer als

Frauen gegen Kinder. 7 Millionen junge Männer sind aktive Beziehungsverweigerer. Während sich jede siebte Frau in Deutschland für ein Leben ohne Kinder entscheidet, ist es jeder vierte Mann. Im Gegensatz zu jungen Frauen haben junge Männer oft massive Zukunftsängste: beruflich, ökonomisch und im Bezug auf das andere Geschlecht.

Grund 2: Es fehlt der Glaube an das Glück
Kinder bedeuten für die Mehrheit der Deutschen Probleme und Einkommensverzicht. Fehlende Arbeitsplatzsicherheit und hohe Kosten sind Studien zufolge die wichtigsten Gründe gegen Kinder. Nur eine Minderheit glaubt, dass Kinder glücklich machen. Wohl auch, weil sie es von den eigenen Eltern nicht anders kennen, denn:

Grund 3: Es fehlen die Vorbilder
Es ist kurz vor 17 Uhr. Ich bin auf einem Kreuzberger Spielplatz. Kaum ein Vater ist anwesend. Dafür bestausgebildete Mütter. Promovierte Biologinnen tauschen Kochrezepte aus und schwärmen vom neuen Kinderarzt im Kiez. Meine Tochter scheint der väterlose Spielplatz nicht zu stören. Sie schaukelt glücklich und stundenlang. Für sie gibt es keinen Unterschied zwischen Mutter und Vater. Für den erwachsenen Rest des Landes ist der Unterschied enorm.

Im Vergleich zu anderen Gesellschaften ist die deutsche Arbeitswelt mütter- wie väterlos. Die Väter spielen nachmittags in der Familie keine Rolle und die Mütter zur selben Zeit in den deutschen Firmen und Betrieben. Deutschland im 21. Jahrhundert: Karrierewelt ohne Mütter, Kinderwelt ohne Väter.

Grund 4: Es fehlt an Gleichberechtigung
Befragungen zufolge bezeichnet nur jeder fünfte Deutsche sein Land als kinderfreundlich. Im europäischen Vergleich landen wir damit auf dem letzten Platz. Dagegen halten die meisten Dänen, Franzosen, Griechen und Schweizer ihr Land für kinderfreundlich.

80 Prozent der Franzosen nennen ihr Land kinderfreundlich. Nur jeder Vierte hierzulande denkt ähnlich. Selbst die Kinderlosen sind in Frankreich kinderfreundlich. Zwei Drittel der kinderlosen Erwachsenen sehen dort Kinder als Quelle des persönlichen Glücks an. In Deutschland ist es nicht einmal jeder zweite Kinderlose.

Sind wir so kinderfeindlich? Nein, der eigentliche Grund für diesen Unterschied ist die mangelhafte Emanzipation der Männer und (!) Frauen. Der Emanzipationsgrad einer Gesellschaft hängt im

Wesentlichen von zwei Faktoren ab: der Selbstverständlichkeit weiblicher Erwerbstätigkeit und der Relevanz traditioneller Rollenmuster. Je höher der Anteil an berufstätigen Frauen und je weniger traditionelle Rollenmuster gesellschaftliche Anerkennung finden, desto emanzipierter und selbstverständlicher ist es, wenn Frauen beides haben, einen Beruf und Kinder.

Fehlende Partnerschaft auf Augenhöhe

Bei der tatsächlichen Gleichstellung von Frauen und Männern hinkt Deutschland international weit hinterher. Sie hat sich in den letzten Jahren deutlich verschlechtert. Die Liste wird angeführt von den nordischen Ländern Island, Norwegen, Finnland und Schweden. Nicht nur bei der Bildung, auch in der Frage der Gleichstellung vergeben wir wertvolle Chancen, Talente und Wohlstand.

Auch hier rufen viele nach mehr Staat: es mangele an Kinderbetreuung, Ganztagsschulen, flexiblen Arbeitszeiten und Geld für Familien und Kinder, heißt es. Das ist jedoch nur die halbe Wahrheit. Der eigentliche Grund liegt tiefer und wird sich staatlich kaum lösen lassen. Jugend- und Geschlechterforscher haben dafür die schöne Bezeichnung

„40/80-Katastrophe" gefunden. 80 Prozent der Mädchen wünschen sich eine gleichberechtigte Partnerschaft, in der Frauen und Männer als Mütter und Väter Arbeit und Familienleben in gleicher Weise miteinander vereinbaren. Bei den Jungen sind dies aber nur 40 Prozent, also die Hälfte der Mädchen. Die spätere Geschlechterungleichheit ist somit programmiert.

Dass sich bei der Emanzipation bislang wenig verändert hat, liegt auch an den Frauen. Mehr als drei Viertel von ihnen ist der Meinung, dass Mütter nachmittags zu Hause sein sollten, um ihren Kindern beim Lernen zu helfen. Ebenso viele wollen einem eigenen Beruf nachgehen, um finanziell unabhängig zu sein. Teilzeitstellen, die nur 20 Stunden in der Woche umfassen und am Mittag enden, sind jedoch rar – und finanzielle Unabhängigkeit sichern sie in der Regel auch nicht.

Die beiden Leitbilder – engagierte Mutter und unabhängige Frau – stehen in einem strukturellen Widerspruch. Die Frauen wissen: Mit der Geburt eines Kindes begeben sie sich in die finanzielle Abhängigkeit des Mannes. In einer Gesellschaft, in der die Autonomie ein hoher Wert darstellt, ist dies eine hohe Barriere für die Gründung einer Familie.

Mütter an die Arbeit!

In den letzten Jahren ist der Anteil der erwerbstätigen Mütter mit minderjährigen Kindern von 60 auf 66 gestiegen – ein Plus von fast einer halben Million Frauen. Damit nähert sich die deutsche Frauen-Erwerbsquote globalen Top-Werten an. In Europa liegen Skandinavier und die Niederlande vorne. Die Mütter sind zur wichtigsten „Reserve" im Kampf gegen den Fachkräftemangel geworden. Die sogenannte „stille Reserve" an Müttern ist in Deutschland sehr groß. Von den insgesamt fast acht Millionen Frauen mit minderjährigen Kindern sind zweieinhalb Millionen nicht erwerbstätig.

Vor allem die gut ausgebildeten Frauen kommen heute früher aus der Babypause zurück in den Job. Die gestiegene Erwerbstätigkeit ist vor allem auf das neue Elterngeld zurückzuführen. Es hat wesentlich dazu beigetragen, dass es heute gesellschaftlich akzeptiert ist, wenn Mütter nach einem Jahr wieder in das Erwerbsleben zurückkehren. Ein weiterer Grund ist der Ausbau der Kinderbetreuung für Kleinkinder.

Deutschland ist in der Frage der Erwerbstätigkeit von Müttern eher ein *slow motion country*. Nur langsam setzt sich die Überzeugung durch, dass sich berufstätige Mütter und fremdbetreute Kinder nicht ausschließen. Länder wie Dänemark, England, Schweden oder Frankreich, in denen vollzeitarbeitende Mütter selbstverständlich sind, haben höhere Geburtenraten. Die Forderung, kleine Kinder müssten möglichst lange und ausschließlich bei der Mutter bleiben, hat für den männlichen Teil der Erwerbsgesellschaft zwei Vorteile: Komfort und Wettbewerbsschutz. Es ist bequem, wenn sich die Frau zu Hause um das Wohl und Wehe der Familie sorgt und erleichtert die eigene Karriere enorm. Dies erklärt auch den vehementen Kampf gegen jede Art von „Frauenquoten".

Dass es längst eine Männerquote gibt und Männer in Führungspositionen fast ausnahmslos Männer fördern, wird dabei unterschlagen. Ohne Männer, die sich ändern, wird das Spiel nicht zu gewinnen sein. Die Einsicht in die Notwendigkeit der Veränderung wird umso erfolgreicher und nachhaltiger sein, wenn sie freiwillig ist. Mit staatlichen Mitteln und finanziellen Anreizen, so gut sie auch gemeint sind, wird sich allein wenig ändern.

Eine neue Elite von Frauen

Für 20 Prozent der am besten ausgebildeten Frauen der westlichen Welt hat sich das Leben in den letzten Jahrzehnten radikal verändert. Die restlichen 80 Prozent leben jedoch weitgehend weiterhin traditionell. Die neue Elite der Frauen bildet eine Klasse für sich, schreibt die britische Ökonomin Alison Wolf. Eine Klasse von Frauen, die „den Männern ähnlicher sind als jemals zuvor in der Geschichte".

Es gibt nicht nur eine deutliche Kluft zwischen den Geschlechtern, was Rollenverteilung und Selbstverständnis betreffen, sondern auch innerhalb der Frauen. Die neue Klasse von Frauen setzt sich deutlich vom Rest ab: Sie organisieren den Haushalt anders (mehr Putzfrauen, mehr Beteiligung des Partners), sie gebären anders (später oder gar nicht) und sie kümmern sich anders um ihre Kinder (mehr!). Die Ehe hat für sie als Institution an Bedeutung verloren.

Die neue Elite der Alpha-Frauen wird Wirtschaft und Gesellschaft verändern. Vor allem die Gesellschaft wird nicht gleicher, sondern ungleicher. Frauen und Männer mit gutem Beruf und Einkommen tun sich gerne zusammen. Als Power-Paare mit Doppeleinkommen entfernen sie sich von den anderen Schichten. Sie treiben Mieten und Hauspreise in den Städten nach oben, ziehen Gegenden mit Kitas und Ganztagsschulen und eine entsprechende Infrastruktur an externen Dienstleistern vor.

Das Dilemma dieser neuen Frauen: Sie haben oft die Qual der Wahl. Sie können die Karriere an den Nagel hängen für Kinder oder Hauptnernährer der Familie werden oder als Single-Frau alles für die Karriere tun. Sie können sogar alles haben: Karriere, Kinder und eine tolle Partnerschaft. Während ihre Großmütter noch davon träumten, zu studieren und zu arbeiten und ihre Mütter dies taten, aber oft und lange aussetzten oder ganz aufhörten, arbeiten sie völlig selbstverständlich in Spitzenjobs. Und wenn Kinder kommen, kommen sie schneller wieder zurück in den Beruf, manche sogar sofort.

Ob sie sich als neue Avantgarde durchsetzen und eine neue Arbeits- und Familienwelt schaffen werden, hängt am Ende auch davon ab, ob sie ihre Männer für eine Partnerschaft auf Augenhöhe gewinnen. Ihre Karriere schaffen die neuen Frauen alleine, das Aufziehen der Kinder aber nicht.

Erfolgreiche Frauen sind sexy

Wo soll eine kluge und beruflich qualifizierte Frau angesichts dieses Missverhältnisses einen passenden Partner finden? Der Beziehungs- und Heiratsmarkt scheint wie leer gefegt, viele von ihnen suchen ihr Glück daher zunehmend auf Partnerbörsen im Internet – und machen sich dort aus Angst, die Männer zu verschrecken, kleiner als sie sind. So schrieb eine Frau, die als Vorstand in einer Bank arbeitet, sie arbeite im Büro. Eine Professorin gab an, sie arbeite an einer Uni. Beide erreichten den zunächst gewünschten Erfolg: die männlichen Kontakte dachten alle, sie seien Assistentinnen oder arbeiten in der Verwaltung. Beim persönlichen Treffen rutschte den Männern dann jedoch die Kinnlade herunter, als sie die Wahrheit erfuhren.

„Erfolgreiche Frauen sind unsexy" schreibt Anke Domscheit-Berg, früher Direktorin bei Microsoft und heute selbständige Unternehmerin, in ihrem neuen Buch „Mauern einreißen!". Erfolgreiche Frauen seien besonders schwer vermittelbar, antwortete ihr der Geschäftsführer einer Partnerbörse. Auf dem Partner- und Heiratsmarkt haben sie besonders schlechte Chancen. Frauen in Führungspositionen sind deutlich seltener verheiratet und haben weniger Kinder als Männer oder Frauen ohne Führungspositionen.

Das lässt sich nur ändern, wenn sich die Männer ändern. Das Ideal des männlichen Ernährermodells verliert an Bedeutung. In sechs Bundesländern sind schon mehr Frauen als Männer berufstätig. In 40 Prozent der Paarhaushalte verdienen Frauen bereits gleich viel. In jeder vierten Familie ist die Frau die Haupternährerin. Der Trend wird anhalten.

Neue Väter (und Vorgesetzte) braucht das Land!

Das 21. Jahrhundert könnte das Zeitalter der Gleichberechtigung werden. Die Fronten brechen langsam auf. Die Bereitschaft von Männern und Vätern, sowohl die Frauen zu unterstützen als auch auszusteigen, um mehr Zeit zu haben, nimmt zu. Vor Einführung des Elterngeldes vor sieben Jahren nahmen keine vier Prozent der Väter eine Auszeit vom Beruf, heute sind es 30 Prozent. Die durchschnittliche Länge der Väterzeit liegt bei 3,2 Monaten. Umfragen zufolge sind vier von fünf Vätern heute zu Teilzeitarbeit bereit, fast zwei Drittel würden zugunsten der Familie sogar Karrierenachteile in Kauf nehmen.

Im Unterschied zu den nordischen Ländern, wo sich die Familienpolitik bereits seit den siebziger Jahren auch an die Väter richtet, ist der deutsche Vater ein weitgehend unbekanntes Wesen. Noch dominiert hierzulande der „Zweimonatsvater". Sie nimmt mit der Geburt des ersten Kindes zwölf, er zwei Monate Erziehungszeit. Woher kommt diese soziale Norm? Wissen die Männer nicht, dass sie auch mehr als zwei Monate Elternzeit nehmen können oder fürchten sie Einschnitte bei Karriere und Ansehen? Sicher auch, aber nicht nur. Die Norm des Zweimonatsvaters wird auch von den Frauen geprägt. Die Münchner Soziologin Cornelia Behnke hat Elternpaare zur häuslichen und beruflichen Aufgabenteilung befragt und festgestellt, dass die meisten Männer den Frauen mehr Kompetenz bei der Fürsorge und Erziehung einräumen. Die Mütter wiederum wünschten sich zwar Unterstützung von den Männern, wollten aber das Sagen und die mütterliche Zugangskontrolle behalten. An der mit dem Kind einsetzenden Retraditionalisierung der Aufgabenteilung tragen sie somit eine erhebliche Verantwortung.

Wenn die Männer und Väter mehr Zeit und Verantwortung für den eigenen Nachwuchs wollen, werden sie dafür kämpfen müssen – und daraus nachhaltig Selbstbestätigung ziehen, zu Hause und im Beruf. Im traditionellen, bürgerlichen Familienmodell hat die Frau die Definitionsmacht in der Familie. Ihr wird die größere Kompetenz in der Frage der Kinderbetreuung zugewiesen. Hinzu kommt, dass zwei Drittel aller Väter in Deutschland kein persönliches Vorbild für ihre Vaterschaft besitzen. Wir brauchen mehr Väter in den Unternehmen, die ihrem Vorgesetzten sagen: „Ich gehe heute um 15 Uhr, weil ich meine Tochter zu einem wichtigen Termin begleiten möchte." Und wir brauchen mehr Vorgesetzte, die auf diese Wünsche Rücksicht nehmen und mit gutem Beispiel voran gehen.

Während sich die deutschen Mütter im Dauerstress befinden und den täglichen Spagat zwischen Familie und Beruf versuchen, drücken sich die Väter möglichst lange im Büro und auf der Arbeit vor dem Stress zu Hause. Die Amerikaner haben hierfür den schönen Satz „Home becomes Work and Work becomes Home" erfunden. Der Doppelbelastung „Heim und Beruf" entziehen sich deutsche Männer und Väter, indem sie lieber die Mehrbelastung in der Firma wählen. So ist es auch kein Wunder, dass Männer, nachdem das erste Kind geboren ist, mehr arbeiten als vor der Geburt und Frauen ihre Arbeitszeit erheblich reduzieren – unabhängig vom Bildungsstand. Selbst Paare, die vorher das Ideal einer gleichberechtigten Partnerschaft auf Augenhöhe hoch hielten, fallen nach der Geburt ihres Kindes in das traditionelle Rollenmuster zurück.

Die Väter machen sich im Schulalltag, bei Elternabenden und in Sprechstunden eher rar. „Wo bleiben die Väter?" fragt Josef Kraus in seinem Buch

„Helikopter-Eltern" besorgt. Er fürchtet, dass Erziehung zu einer „feminisierten Zone" wird und die Kinder nur noch auf Mütter, Erzieherinnen und Lehrerinnen treffen und fordert mehr männliches und väterliches Engagement in der Familie und in der Schule. Ein Engagement, das den Männern übrigens auch sexuell gut tun würde. Zwei Drittel der Väter beklagen sich, dass sie nach der Geburt ihres Kindes weniger Sex haben als vorher. Auch dies könnten sie selbst ändern. Befragungen belegen, dass Frauen, die von ihren Männern entlastet werden, entspannter sind und schneller zu ihrer Lust zurückfinden.

Von einer frauenfreundlichen Arbeitswelt profitieren auch die Männer. Sie bekommen die Chance zum Vollzeitvater auf Zeit, ohne die eigene Karriere zu riskieren. Aus einer Generation der Zeugungsverweigerer wird eine Generation der Verantwortungsträger, beruflich wie privat. Am Ende würden wir alle profitieren, auch die Unternehmen. Statt überlastete Arbeitnehmer und Mitarbeiter bekommen sie motivierte und nicht ausgebrannte Männer und Frauen.

Im Zukunftsland
In einem Land der Zukunft könnten Frauen alles, was Männer auch können: Karriere machen und

Kinder haben. Es gibt solche Länder. Sie liegen im Norden und Westen Europas. Zum Beispiel Norwegen. Das Land hat eine Wochenarbeitszeit von 33 Stunden, die drittniedrigste in Europa. Männer und Frauen verlassen gegen vier Uhr nachmittags ihre Büros, um sich ihren Familien zu widmen.

Deutschland ist kein Zukunftsland. Nur weniger als die Hälfte der Frauen deckt hier ihren Lebensunterhalt überwiegend durch eigene Berufstätigkeit. Zwar sind mehr als zwei Drittel der Frauen erwerbstätig, bei den Männern sind es jedoch fast 82 Prozent. Jede fünfte Frau lebt überwiegend vom Einkommen ihres Ehe- oder Lebenspartners. Frauen arbeiten hierzulande öfter in Minijobs, in Teilzeit und in den tendenziell schlechter bezahlten Dienstleistungsbranchen als Männer. Daher verdienen sie auch weit weniger. Bei der Lohnlücke weist Deutschland hinter Estland und Österreich den dritthöchsten Wert auf.

Von den Top-Jobs sind deutsche Frauen weitgehend ausgeschlossen. Ihr Anteil in den Vorständen der rund 160 DAX-Unternehmen liegt gerade bei 3,4 Prozent. Nur 2,7 Prozent der weiblichen Beschäftigten besitzt einen Job mit Führungsverantwortung (bei den Männern sind es 7 Prozent).

Nur ganz wenige von den exzellent ausgebildeten jungen Frauen kommen ganz oben an. Von diesen wenigen haben noch weniger Kinder.

Beispiel Schweden, Frankreich und Belgien. Das deutsche Ernährermodell, bei dem der Mann Vollzeit arbeitet und die Frau in geringem Umfang dazu verdient, spielt in Schweden kaum noch eine Rolle. Während eine gleichberechtigte Teilung von zwei Vollzeitstellen hierzulande nur von einem Sechstel der Familien praktiziert wird, sind es in Schweden zwei Drittel und in Frankreich jeder Zweite. Franzosen und Schweden sind mit der Vereinbarkeit von Beruf und Familie zufriedener als die Deutschen.

Nicht nur in Schweden und Frankreich, auch in Belgien sind die Geburtenraten und die Quoten der erwerbstätigen Mütter höher. Diese Länder zeigen, dass eine sinnvolle Verkürzung der Arbeitszeit, eine bessere Kinderbetreuung und mehr Engagement der Väter für eine Trendumkehr sorgen. In diesen Ländern gibt es dank eines Familiensplittings im Steuerrecht auch mehr Mehrkindfamilien als bei uns. Die Gleichung heißt schlicht: je emanzipierter und gleicher eine Gesellschaft ist, desto mehr Kinder werden geboren und desto wettbewerbsfähiger ist die Wirtschaft.

Mehr Zeit für Familie

Mit der herrschenden Norm des Zweimonatsvaters können wir uns nicht zufrieden geben. Viele Männer wollen mehr Zeit mit ihren Kindern verbringen, die meisten Mütter wollen mehr arbeiten. Das weiß auch die neue Familienministerin und hat das „Elterngeld Plus" eingeführt. Die partnerschaftliche Arbeitsteilung soll mit Anreizen zur Teilzeit gefördert werden. Ziel der „Familienarbeitszeit" ist eine Neuverteilung der Arbeitszeit für Eltern mit kleinen Kindern. Umfragen zeigen: Mütter mit Kleinkindern wollen mehr, Väter weniger arbeiten. Zeitpolitik wird damit zu einem entscheidenden Faktor für eine bessere Vereinbarkeit von Familie und Beruf, den Aufstieg von Frauen in Führungspositionen und die Vermeidung einer drohenden Altersarmut von Frauen.

Wunsch und Wirklichkeit klaffen in keinem Land so weit auseinander wie bei uns. Daraus ergeben sich familiäre Spannungen und unerfüllte Sehnsüchte. Zwar hat sich die Erwerbsbeteiligung von Frauen und Müttern in den letzten Jahren deutlich erhöht. Dennoch ist die Gesamtstundenzahl gleich geblieben. Der Anteil der Frauen in Vollzeitbeschäftigung ist sogar gesunken, während der

Anteil der Teilzeit mit weniger als 15 Stunden pro Woche gestiegen ist. Fast 70 Prozent der berufstätigen Mütter arbeiten Teilzeit. Die Männer nur zu 5 Prozent. Eine DIW-Studie kommt zu dem Ergebnis, dass gerade mal 1 (!) Prozent aller Eltern mit Kindern bis zu drei Jahren in „reduzierter Vollzeit" arbeiten. 39 Prozent hingegen leben das klassische fünfziger Jahre Modell: Vati arbeitet, Mutti ist zu Hause. Sobald das erste Kind auf die Welt kommt, kommt es zu einer Retraditionalisierung der Rollenmuster.

Mütter arbeiten in Deutschland zu wenig, Väter zuviel. Jeder vierte Vater arbeitet mehr als 49 Stunden pro Woche. Zwei Drittel der berufstätigen Frauen mit minderjährigen Kindern arbeitet in Teilzeit, aber nur jeder zwanzigste Mann. Dabei wünscht sich in Umfragen eigentlich nur jeder 100. berufstätige Mann eine solche die eigene Familie belastende Arbeitszeit. Und jeder Dritte bevorzugt eine 30- bis 35-Stunden-Woche. Die Realität sieht dagegen anders aus: nur vier Prozent leben eine solche Woche.

Bei den Teilzeitstellen liegt der Frauenanteil in Deutschland bei 85 Prozent. Fast jede zweite Frau arbeitet Teilzeit. Zwei Drittel der geringfügig Beschäftigten sind weiblich. Minijobs sind fast ausschließlich weiblich. Mehr als zwei Drittel der Mütter mit einem minderjährigen Kind arbeiten. Nur jede Fünfte arbeitet in Vollzeit. Eine große Mehrheit (drei Viertel) der Mütter will mehr arbeiten. Am liebsten 26 Stunden in der Woche.

Das Konzept der „Familienarbeitszeit" sieht für Eltern mit Kindern bis zum vierten Lebensjahr eine 30- bis 32-Stunden-Woche vor. Frauen müssten demnach ihre Arbeitszeit auf bis zu 80 Prozent der üblichen Wochenarbeitszeit ausdehnen und Männer müssten diese entsprechend reduzieren. Diese Zielvorstellung, die auch die neue Familienministerin favorisiert, entspricht jedoch bislang nicht dem Willen der meisten Mütter in Deutschland. Zumindest im Westen der Republik. Dort wollen die Mütter weniger (24 Wochenstunden) als im Osten (31 Wochenstunden) arbeiten.

Beim Umbau der Familienpolitik sind nicht nur Politik und Eltern gefragt. Es ist eine Illusion zu glauben, dass politische Instrumente allein eingefahrene Rollenmuster verändern. Das Thema „Familienarbeitszeit" gehört auch in die Betriebe. Warum sollten Eltern mit kleinen Kindern nicht selbst entscheiden dürfen, wie viele Stunden sie in der Woche arbeiten? Warum nicht mal 40 und dann mal 23 Stunden in der Woche?

Arbeitszeitkonten machen ein modernes und flexibles Modell der Vollzeit für beide Eltern möglich. Der schwäbische Werkzeugmaschinenhersteller Trumpf geht diesen Weg bereits. Die Mitarbeiter dürfen innerhalb eines Korridors zwischen 15 und 40 Wochenstunden selbst über ihre Arbeitszeit entscheiden. Bis zu 1.000 Stunden Arbeit können auf einem individuellen Konto eingezahlt und bei Bedarf wieder aufgelöst werden. Zum Beispiel für Erziehung, Pflege oder Weiterbildung.

**Die stille Revolution:
Abschied vom Präsenzwahn**

In den letzten Jahren wurde den Arbeitnehmern ein Höchstmaß an Flexibilität abverlangt. Diese Flexibilität sollte auch für die Unternehmen gelten. Eine Soziale Marktwirtschaft, die auf der Höhe der Zeit sein will, darf nicht nur den flexiblen Arbeitnehmer und Menschen propagieren. Leitbild muss auch der flexible Betrieb sein. Beschäftigungsfähigkeit der Mitarbeiter und Familienfreundlichkeit der Unternehmen sind die Spiegelbilder einer modernen Sozialen Marktwirtschaft.

Laut Statistischem Bundesamt können vier von zehn Erwerbstätigen in Deutschland die eigenen Arbeitszeiten mitbestimmen. Ebm-papst geht sogar einen Schritt weiter. Das mittelständische Unternehmen mit Sitz in Baden-Württemberg hat die anwesenheitsorientierte Arbeitszeitkultur jüngst durch eine aufgabenorientierte Arbeitszeitkultur abgelöst.

Eine ähnliche Revolution hat vor Jahren die Trumpf GmbH unter Führung von Nicola Leibinger-Kammüller initiiert. Mit Kindergärten in der Umgebung hat sie Verträge geschlossen für kostenlose Kinderbetreuung bis 19 Uhr. Für viele Frauen hat sie Heimarbeitsplätze geschaffen. Angestellte können das Abendessen für die ganze Familie aus dem Betriebsrestaurant mit nach Hause nehmen. Für Mitarbeiter gibt es auch einen Wäsche- und Bügelservice und ein Bestellsystem für Wochenendeinkäufe.

Die neue Botschaft: Nicht die Lebensphasen der Mitarbeiter passen sich der Firma an, sondern der Arbeitgeber richtet sich nach den Lebensphasen der Mitarbeiter. Führungskräfte werden in ihren jährlichen Leistungsbeurteilungen auch daran gemessen, ob und wie sie Frauen in ihren Abteilungen fördern.

Eine Revolution wie bei Trumpf will auch die Stadt Göteborg in Schweden umsetzen. In einem Modellprojekt für städtische Angestellte will sie den Sechs-Stunden-Tag testen. Der erhoffte Effekt sind weniger krankheitsbedingte Fehlzeiten und eine höhere Motivation der Angestellten. Unternehmen wie ebm, Trumpf und die Stadt Göteborg nehmen Abschied von der vorherrschenden Präsenzkultur. Sie schreckt immer mehr Frauen und Männer ab. Solange die Arbeitswelt die physische Anwesenheit der Arbeitnehmer fordert, wird es keine Gleichberechtigung von Frauen und Männern und von Müttern und Vätern geben. Solange werden sich kaum mehr Frauen für Mehrarbeit und Karriere entscheiden. Die dominierende Anwesenheitskultur mit Sitzungen am Nachmittag oder Abend kickt junge Mütter aus der Karrierelaufbahn.

Wer unterbricht, sollte vorsorgen

Wer seine Arbeit kind- oder familienbedingt unterbricht, nimmt Einkommenseinbußen in Kauf, die sich später kaum noch kompensieren lassen. Für viele Frauen und Mütter ist die Armut im Alter vorprogrammiert. Teilzeit heißt Teilgehalt und damit später Teilrente. Die Durchschnittsrente der Frauen beträgt heute etwas mehr als die Hälfte der Männer. In den neuen Bundesländern ist sie dagegen weit höher. Zufall ist das nicht. In Zukunft werden Frauen und zunehmend auch Männer ihre

Erwerbsarbeit unterbrechen, weil Kinder geboren und erzogen werden oder die eigenen Eltern pflegebedürftig werden. Wer sich für eine kurz- oder längerfristige Auszeit entscheidet, sollte die Folgen für die eigene Altersvorsorge mit dem Ehepartner und Arbeitgeber besprechen. Inzwischen bieten private Versicherungen entsprechende Policen einer Altersvorsorge für diejenigen, die ihre Arbeit wegen der Familie unterbrechen, an.

Mehr Babys, mehr Beschäftigung

„Länger arbeiten, mehr Babys" titelte das britische Wirtschaftsmagazin „The Economist" vor zehn Jahren zum Thema demografischer Wandel in Europa. Bislang galt die Regel „je mehr Frauen arbeiten und ökonomisch unabhängig werden, desto weniger Kinder bringen sie zur Welt". Diese Norm könnte jedoch durchbrochen werden, wenn sich auch die Unternehmen stärker engagieren und ihren Mitarbeitern optimale Bedingungen ermöglichen, Familie und Beruf zu vereinbaren. Forscher der Universität Heidelberg konnten nachweisen, dass Mitarbeiter motivierter und zufriedener sind und nach der Elternzeit früher und mit mehr Wochenstunden wieder einsteigen, wenn die Unternehmen selbst Kinderbetreuung im Betrieb anbieten. Die Unternehmen sparen dadurch sogar Geld.

Der schöne Nebeneffekt: die Zahl der Schwangerschaften steigt.

In den letzten Jahren hat sich die Zahl der Betriebskitas fast verdoppelt. Mehr als 600 gibt es inzwischen in Deutschland. Etwas mehr als drei Prozent der Unternehmen haben heute Betriebskindergärten. Einige von ihnen leisten auch Unterstützung für Beschäftigte mit pflegebedürftigen Angehörigen.

Wenn unsere Eltern älter werden

Individuell flexible und familienfreundliche Arbeitszeiten werden wir angesichts einer familiären und sozialen Herausforderung brauchen, über die bislang öffentlich noch weitgehend geschwiegen wird. Es geht um die Pflege der Eltern und naher Angehöriger. In Zukunft wird es nicht nur um die Vereinbarkeit von Beruf und Familie, sondern um die von Beruf, Familie und Pflege gehen.

Bislang reden wir ausschließlich über die Windeln und Wehwehchen unserer Kinder. Was aus dementen Müttern und Vätern wird, fragt kaum jemand. Der Filmemacher David Sieveking hat seine demente Mutter gepflegt und darüber einen Film gedreht („Vergiss mein nicht"). Als er nach dem Tod seiner

Mutter im letzten Jahr Vater wurde, kam ihm das damit verbundene Programm bereits bekannt vor: schlaflose Nächte, Inkontinenz, Windeln, Sorge um Nahrungsaufnahme und unerklärliches Unwohlsein. In Gesprächen mit Freunden, die bereits kleine Kinder hatten, waren das die dominierenden Themen. Wie es ihm mit seiner kranken Mutter ging, fragte dagegen niemand im Bekanntenkreis. Wir begeistern uns für Babys und Kleinkinder. Dass die Pflege älterer Menschen auch Freude bringen kann, ist öffentlich weitgehend unbekannt.

Neben der Familienfreundlichkeit wird auch die „Altersfreundlichkeit", der Umgang mit den Älteren im Alltag, zum Standortfaktor. Auch Altersdiskriminierung kostet Wohlstand und Lebensqualität. Bislang haben wir die stille Reserve der „jungen Alten" kaum mobilisiert. Dabei sind viele im Alter zwischen 60 und 80 bereit, sich gesellschaftlich einzubringen. Babysitter-Dienste, Lesepaten und Freiwilligendienste boomen vor allem in den größeren Städten.

Neo-Familie: die Agenda

1. **Mehr Gerechtigkeit zwischen den Geschlechtern.** *Deutschland braucht eine neue Gerechtigkeit zwischen den Geschlechtern. Das neue Leitbild heißt: „Beide Welten (Arbeit und Familie) für Frauen und Männer".*
2. **Mehr Geld, mehr Betreuung, mehr Kinder.** *Das neue Elterngeld und eine bessere Kinderbetreuung erhöhen die Frauenerwerbstätigkeit, das Commitment der Männer und die Geburtenrate.*
3. **Flexible Vollzeit statt Teilzeitfalle.** *Die Flexi-Vollzeit: Wer Kinder erzieht oder Angehörige pflegt, entscheidet selbst, wie lange er arbeitet. Wer dabei in einem Korridor von 25 bis 35 Stunden bleibt, erhält einen steuerfinanzierten Lohnausgleich.*
4. **Eine neue Arbeitskultur.** *Work-Life-Balance ist kein Mütter- oder Frauenthema, sondern betrifft alle. Aktive Väter und Vorgesetzte sind die Vorreiter einer neuen Arbeitskultur.*
5. **Familienfreundlichkeit ist der neue Standortfaktor.** *Städte, Gemeinden und Regionen werden sich um Arbeitnehmer und deren Familien bemühen. Sie gehen mit gutem Beispiel voran und proben neue Modelle wie den Sechs-Stunden-Tag.*

6. **Neue Väter und Vorgesetzte braucht das Land.** *Kinder brauchen beide Eltern – und Frauen brauchen Männer, die nicht nur im Job ihren Mann stehen. Vorgesetzte und Führungskräfte werden danach beurteilt und bezahlt, wie sie Frauen fördern.*
7. **Väterpolitik ist die beste Familienpolitik.** *Ohne eine gezielte Jungen- und Männerpolitik bleibt Familienpolitik auf halber Strecke stecken.*
8. **Kinder finanziell fördern.** *Viele scheuen das dritte oder vierte Kind aus Angst vor dem sozialen Abstieg. Kindergeld erst ab dem 2. Kind, ein Familiensplitting und Vergünstigungen bei Ausbildung und Studium sorgen für Entlastung – und höhere Geburtenraten.*
9. **Unternehmen als Vorreiter:** *Betriebskindergärten erhöhen die Beschäftigung von Müttern, die Motivation der Mitarbeiter und die Geburtenrate.*
10. **Eine Allianz für eine altersgerechte Gesellschaft.** *Wir können es uns nicht mehr leisten, die sozialen Potenziale der Älteren ungenutzt zu lassen. Altersdiskriminierung kostet Geld und Glück.*

4 Neo-Arbeit: Auf dem Weg zur Vollbeschäftigung

„Entgegen Max Webers Prophezeiung, dass sich die Arbeitswelt verhärte und in ein stählernes Gehäuse der Hörigkeit verwandle, haben sich die Unternehmen in wenigen Jahren in einer fast schwindelerregenden Weise verflüssigt und flexibilisiert. Aus Palästen mit strengen Hierarchien werden Zelte, aus bürokratischen Skeletten flexible, selbstorganisierte Einheiten, aus festgeschmiedeten Konglomeraten adhocratisch agierende virtuelle Firmen."

Peter Gross

Deutschland ist heute längst ein Land mit Vollbeschäftigung. Es gibt genug zu tun. Eine große Mehrheit will sich tätig einbringen, etwas unternehmen, sich kümmern und engagieren. In der Politik und der veröffentlichten Meinung dagegen dominiert immer noch die Rhetorik der alten Arbeitsgesellschaft. Hier kreist die Normalbiografie um die lebenslange, festangestellte, ungebrochene Beschäftigung bis Anfang 60. Kommende Generationen brauchen eine Kombination von Freiheit und Sicherheit. Der neue Arbeitsvertrag heißt: „Mehr Sicherheit gegen mehr Freiheit". Kündigungsschutz und Anwesenheitspflicht werden überflüssig.

Womit ich genau mein Geld verdiene, kann ich vielen meiner Freunde oder in meiner Familie oft nicht erklären. Vor allem den Älteren fällt es schwer zu glauben, dass ich als Kommunikations- und Politikberater und Ghostwriter meinen Unterhalt bestreite. Vielen aus meinem Bekanntenkreis geht es ähnlich. „Case-Manager, Energieberater, Food-Stylist, Gamedesigner, Infobroker und Storyliner" lauten die neuen Stellenbezeichnungen.

Ich arbeite gerne. Im Büro wird kommuniziert und delegiert, gedacht und geschrieben wird zu Hause oder unterwegs. Feste Arbeitszeiten gibt es nicht. Erledigt wird die Arbeit, die ansteht. Oft tagsüber, manchmal abends, wenn die Kinder schlafen oder am Wochenende, wenn das Telefon still ist. Im Urlaub bin ich grundsätzlich erreichbar, lese meine Mails und beantworte die dringenden Anfragen. Meine Kunden respektieren in der Regel meine Freizeit.

Ich habe in den „roaring nineties", den stürmischen Neunzigern studiert. Damals hieß es: Schnelles Studium und Karriere ohne Rücksicht auf soziale Verluste. Die deutsche Einheit und der globale Wettbewerb bedeuteten für uns „89er" nur eines: Millionen neue Mitbewerber und Konkurrenten. In den Osten der Republik wollte von uns damals niemand. Wir waren hochgradig verunsichert und wären wahrscheinlich ausgewandert, wenn um die Jahrtausendwende nicht etwas Neues passiert wäre. 1998 endete nicht nur die ewige Amtszeit Helmut Kohls, wichtiger für uns war das neue Wirtschaftswunder, die New Economy. Soviel Geld zu verdienen (und zu vernichten!) wie in diesen Jahren, das hat es lange nicht gegeben!

Die wichtigste Ressource lernen wir leider zu selten an den Schulen und Universitäten: „Kreatives Scheitern". Ich habe fast fünf Jahre Jura gepaukt in der festen Absicht (und Hoffnung), nie als Jurist zu arbeiten. Einen Beruf zu ergreifen, ohne dafür jahrelang studiert zu haben, ist für viele Gesellschaften völlig normal. Eine Prüfung und der studierte Historiker wird in England Rechtsanwalt. Nicht so in Deutschland. Hier gilt das Prinzip der Lebenslänglichkeit und der Undurchlässigkeit. Einmal Lehrer, immer Lehrer, einmal Jurist, immer Jurist.

Arbeitszeit ist das Megathema der Zukunft

Zur wichtigsten Ressource in der Arbeitsgesellschaft von morgen wird Zeit. Eine aktuelle Befragung unter Mitgliedern der IG Metall hat ergeben, dass Zeitsouveränität wichtiger wird. Familie, Bildung und die Pflege von Angehörigen hat einen größeren Stellenwert als früher. Bislang ging es um flexible Arbeitszeiten und Arbeitnehmer, in Zukunft wird es um Flexibilität auch für die Arbeitnehmer gehen.

Vor über 100 Jahren haben die Gewerkschaften den Acht-Stunden-Tag erkämpft und Unternehmer wie Robert Bosch und Ernst Abbe haben ihn eingeführt. Anfang der siebziger Jahre kam die Fünf-Tage-Woche hinzu. Seitdem ist nicht viel passiert. Mit Ausnahme von Göteborg. Hier kämpft eine Initiative um den Sechs-Stunden Tag: „Wir wollen Sex, wir wollen den Sex-Stunden-Arbeitstag!" Kurios – die Zahl sechs wird auf Schwedisch genau wie das Wort Sex buchstabiert. Einzelne Unternehmen in der Stadt haben die Arbeitszeit bereits reduziert und profitieren von einem niedrigeren Krankenstand. Nun will man das Modell auf kommunaler Ebene in der Verwaltung etablieren. Gerade in körperlich anstrengenden Berufen wie der Pflege könnte der Sechs-Stunden-Tag zu einer größeren Attraktivität und zu weniger Fehlzeiten führen.

Vision Vollbeschäftigung

Viele Linke, Sozialdemokraten und Konservative sind der festen Überzeugung, dass uns aufgrund der zunehmenden Digitalisierung aller Lebensbereiche bald die Arbeit ausgeht und nicht genügend bezahlte Beschäftigung für alle vorhanden ist. Das ist ein Irrtum. Es gibt genug zu tun. Ob uns Vollbeschäftigung gelingt, wird von zwei Faktoren abhängen: von einem umfassenderen Verständnis von Arbeit und einer neuen Balance von Sicherheit und Freiheit.

Nicht „die" Arbeit geht uns aus. Zu Ende geht lediglich eine Ära der männlichen Normalbiografie. Die Arbeit der Zukunft wird wissensbasiert, teamorientiert und damit kommunikationsintensiver sein. „Die Verschiebung von Massenarbeit zu Elitearbeit unterscheidet das Informationszeitalter vom Industriezeitalter", bilanziert der amerikanische Arbeitsökonom Jeremy Rifkin. Ersetzt man die Begriffe „Elitearbeit" durch „Wissensarbeit", stimmt es. Zur „Elite" gehören auch gut ausgebildete Fachkräfte, Handwerker und Lehrer.

Was ist überhaupt „Arbeit"? Gehört die Erziehung und Pflege von Kindern und Angehörigen dazu oder nicht? Das ehrenamtliche Engagement und das Lesen von Büchern? Der Ökonom macht es sich zu einfach mit dem Satz „Arbeit ist, wenn eine angebotene Tätigkeit auf dem Markt nachgefragt und bezahlt wird". Die Entscheidung, welche

Tätigkeit angeboten, nachgefragt und auch bezahlt wird, ist immer auch eine gesellschaftliche und politische. Auch der Glaube, sozial sei, was Arbeit schafft, ist falsch. Zwangsarbeit oder Arbeit zu Dumpinglöhnen ist nicht sozial.

Abschied von der monogamen Arbeit und dem klassischen Lebenslauf

Der alte prägende Gegensatz von Kapital und Arbeit wird mehr und mehr in den Einzelnen hineinverlagert: Er oder sie wird zum Arbeitnehmer und Unternehmer in einer Person. Das alte „Ideal der monogamen Arbeit" verliert an Prägekraft. Sie war es, die das Leben der Menschen zusammengehalten und sinnhaft strukturiert hat. Die Arbeitsplätze und Karrieren der Vergangenheit waren zwar starr, bedeuteten aber Sicherheit. Eine Arbeitszeit von 9 bis 17 Uhr wurde oft als monoton empfunden, strukturierte das Leben und gab den Menschen einen Rhythmus ohne ständige Erreichbarkeit.

In der ersten Phase des Lebens haben sich Kinder und Jugendliche in Schule, Bildung und Ausbildung auf den Beruf vorbereitet. Das spätere Berufsleben sollte die Anstrengungen und Entsagungen in der Jugend honorieren: „Non scholae, sed vitae discimus." Nicht für die Schule, sondern für das Berufsleben lernen wir. In der zweiten Phase arbeiteten die Erwachsenen oft vierzig und mehr Jahre, bevor sie sich schließlich nicht älter, sondern alt geworden, mit 60 Jahren nach einem „erfüllten Arbeitsleben" in den „wohlverdienten Ruhestand" zurückzogen.

Dieser klassische Lebenslauf trifft für die heute Jüngeren immer weniger zu. Seit Mitte der 90er Jahre hat die sogenannte „atypische Beschäftigung" (befristet, geringfügig bezahlt, Teilzeit) um mehr als 50 Prozent zugenommen. Auch die Quote der Selbständigen zieht wieder an. Wachstumstreiber sind die „neuen Selbständigen" jenseits der klassischen freien Berufe wie Rechtsanwalt oder Zahnarzt, unter ihnen viele Solo-Freiberufler aus der Kreativwirtschaft. Mit den neuen Selbständigen, Freiberuflern und Kreativen erreicht die Individualisierung auch die Arbeitswelt. Neben die Fragmentierung der Lebensstile tritt ein neuer Pluralismus der Lebensstile und -formen, teilweise erzwungen und fremdbestimmt, teilweise selbst gewählt und autonom.

Burn- oder Boreout?

Die alljährlichen Gallup-Umfragen kommen zu einem erschreckenden Befund: Nur noch 13 Prozent der Beschäftigten haben eine hohe emotionale Bindung zu ihrem Arbeitgeber. Seit Kurzem geistert ein neues Gespenst durch die deutsche Arbeitswelt: „Burnout". Oder ist die geringe Bindung nicht vielmehr Ausfluss der Zwillingsschwester „Boreout", einer Abstumpfung durch Routine und Unterforderung?

Beide Krankheitsbefunde sind Folge eines eklatanten Mangels an intrinsischer Motivation. In der Ära der klassischen Industriearbeit spielte diese Motivationsform kaum eine Rolle. Das Anreizsystem des Taylorismus funktioniert nach den Prinzipien von „Zuckerbrot" (monetäre Anreize, Aufstiegschancen) und „Peitsche" (Abmahnungen, Kündigung). Diese extrinsischen Anreizsysteme funktionieren bei Tätigkeiten, die nach einem bestimmten Schema verrichtet werden müssen. Wenn jedoch Kreativität gefragt ist, versagt das unterkomplexe Motivationssystem. Als Schlüssel zur Problemlösung passt die spielerische, selbstmotivierte Herangehensweise der intrinsischen Motivation besser.

Die Arbeitsgesellschaft der Zukunft basiert auf der Tugend der „Resilienz". Resilienz meint die Fähigkeit, ein System oder sich selbst ins innere Gleichgewicht zu bringen und es auch zu halten.

Resiliente Organisationen und Menschen gehen gestärkt aus Veränderungen heraus. Dazu braucht es Optimismus, Lösungsorientierung, die Bereitschaft, Verantwortung zu übernehmen, Netzwerke aufzubauen und die Zukunft zu planen.

Die neuen Jobs

In vielen Ländern der Erde sind die Kassiererinnen in den Supermärkten bereits verschwunden. Die Kunden scannen ihre Ware jetzt selbst ein und bezahlen am Automaten. Die sogenannte einfache Arbeit stirbt aus und wird, wo es möglich ist, von komplexen Maschinen erledigt.

Es sind vor allem zwei Arten von Beschäftigten, die zunehmen werden: Freiberufler, Kreative und Fachleute (professionals) im Wissensbereich sowie schlechter bezahlte Routinearbeiten im Dienstleistungssektor (Gastronomie, Pflege etc.). Die meisten Firmen werden im Dienstleistungssektor gegründet.

Fabrikarbeit ist heute keine monotone Fließbandarbeit mehr und selbst Handwerker benötigen heute kommunikative Fähigkeiten. Damit verbunden ist zwar die Krise einfacher Tätigkeiten, die man politisch abmildern muss. Dennoch geht der Trend in diese Richtung: Die „soft skills" dominieren in Zukunft unsere Arbeitswelt. Es kommt auf Kooperationsfähigkeit, emotionale Intelligenz und Vertrauen an.

Es sind vor allem die Babyboomer, die Angst vor dem Absturz haben. Ihr Gefühl ist weg, dass es ihren Kindern in Zukunft stetig besser gehen wird. Das Gefühl trügt sie nicht: Sichere Arbeitsplätze haben in Deutschland die Älteren. Laut einer neuen Studie des Instituts für Arbeitsmarkt- und Berufsforschung (IAB) hat eine Verlagerung und Umverteilung von Beschäftigungsrisiken hin zu jüngeren Beschäftigten stattgefunden. Heute arbeiten nur noch 14 Prozent aller Beschäftigten in dem Unternehmen, in dem sie ihr Arbeitsleben begonnen haben. 50 Prozent der neuen Arbeitsverhältnisse sind in Deutschland befristet. Die Zahl der befristeten Arbeitsverhältnisse ist in Deutschland stark gestiegen: von 1,7 Millionen im Jahr 2000 auf 2,7 Millionen im Jahr 2013.

„Einmal Dachdecker (oder Krankenschwester), immer Dachdecker (oder Krankenschwester)" muss der Vergangenheit angehören. Jeder Mensch sollte eine Arbeit finden, die seinem Leben Sinn verleiht. Vor allem die Jüngeren suchen neben einem Arbeitsmarkt einen Partnerschaftsmarkt, der ihnen die Möglichkeit bietet, neue Menschen zu treffen, sich besser kennen zu lernen und einen Partner fürs Leben zu finden. Ihnen ist klar, was Studien über das Glück herausgefunden haben: Nicht Geld an sich macht glücklich, sondern eine interessante Arbeit und erfüllte persönliche Beziehungen.

Arbeit muss Sinn stiften und glücklich machen

Identifikation mit der eigenen Arbeit ist das, was die neuen Selbständigen ausmacht. Richard Florida nennt die Angehörigen der kreativen Klasse die Wertschöpfungselite der künftigen Arbeitswelt: „Die Menschen identifizieren sich heute stärker mit ihrer Tätigkeit und ihrem Beruf als mit ihrem Arbeitgeber." Statt diesen Loyalitätsverlust zu bekämpfen, müssen Arbeitgeber ihn aushalten.

Immer mehr Post-Babyboomer verstehen sich heute als Doppel- und Grenzgänger, eine Kombination aus Arbeitnehmer und Unternehmer. Sie haben sich vom Ideal der monogamen Arbeit verabschiedet und sehen sich als „Portfolio Worker" (Peter Gross). Sie schreiben ihr Drehbuch für die künftige Laufbahn und suchen Herausforderungen und Aufgaben, die Erfüllung und Sinn in ihr Leben bringen.

So wie Kerstin Bund, die 32-jährige Wirtschaftsredakteurin der ZEIT. In ihrem jüngst erschienenen Buch „Glück schlägt Geld. Generation Y: Was wir wirklich wollen" schreibt sie über die Generation der heute 30-Jährigen: Sie ist nicht faul, will aber anders arbeiten. Sie will nicht nach Präsenz, sondern nach Leistung beurteilt werden – egal ob sie die im Homeoffice, im Café oder im Büro erbringt. „Was wir wollen, kostet nicht einmal Geld", schreibt sie. „Mehr Flexibilität und Freiräume, regelmäßiges Feedback, gute Führung. Und eine Arbeit, die Sinn stiftet."

Die Post-Babyboomer stellen sich ihr Bündel an Tätigkeiten und Verpflichtungen zusammen und sind Profiteure des Übergangs von einer zementierten Arbeitsgesellschaft zu flexibleren Arbeitsbeziehungen.

Die neue Avantgarde der Selbständigen

Viele Selbständige, Kreative und Lebensästheten wissen, dass Phasen des enormen Geldverdienens immer mal wieder von Zeiten der Arbeitslosigkeit unterbrochen werden können. Im Ergebnis bedeutet der Abschied von der monogamen Arbeit als normale Zuwachsbiografie am Ende den Abschied von der Idee des sozialen Abstiegs. Je nach Kontostand wird im Bioladen oder in der Feinkostabteilung eingekauft oder eben im Billigdiscounter.

Die Portfolio-Worker fordern unser bisheriges Verständnis von Führung und Unternehmenskultur heraus. Ihr Lebenslauf mit vielen Umwegen wird zur neuen Praxis. Lernen und Arbeit, Leben und Beruf gehen eine Symbiose ein. Die Work-Life-Learn-Balance wird durch bezahlte Auszeiten und Sabbaticals organisiert. Arbeiten nicht bis zum Umfallen, sondern mit Maß und Leidenschaft.

In einer Studie von Ernst & Young, für die Uni-Absolventen in Deutschland befragt wurden, gaben 74 Prozent „Familie und Freunde" als wichtigsten Wert in ihrem Leben an. „Erfolg und Karriere" lagen nur bei 52 Prozent. „Genuss und Konsum" kamen gerade einmal auf fünf, „Reichtum" brachte es auf ein Prozent. Materielle Werte haben für die Jüngeren einen geringeren Stellenwert. Es geht ihnen darum, das eigene Leben frei zu gestalten. Die neuen Berufseinsteiger wollen heute – im Unterschied zu früheren Generationen – früher Kinder, möglichst zu Beginn der Karriere. Das gilt nicht nur für Frauen, sondern auch für die Männer. Und sie suchen eine neue Balance aus ökonomischer Sicherheit und persönlicher Freiheit.

Der neue Deal: Erlebnisse und Erfahrungen

Jeder von uns verfügt über die drei Ressourcen, auf die es im Beruf ankommen wird: das geistige Kapital (das Wissen und die Fähigkeit, Fragen und Probleme gründlich und intelligent zu durchdenken), das soziale Kapital (die Summe aller Beziehungen und Netzwerke) und das emotionale Kapital (die Fähigkeit, sich selbst und andere zu verstehen und über die eigenen Entscheidungen nachzudenken).

Jeder von uns hat die Chance, sich ein Berufsleben aufzubauen, das seine Werte widerspiegelt und im Einklang zu seinen Überzeugungen steht. Wir können uns einen einzigartigen Lebensentwurf bauen. Während im alten Kapitalismus Geld und Konsum im Mittelpunkt standen, wird der neue Kapitalismus mehr Rücksicht auf unsere Werte und Emotionen nehmen müssen. Es geht um eine Wende hin zu einem Arbeitsleben, das Sinn, Begeisterung und positive Erfahrungen mit sich bringt.

Der Abschied vom alten Deal um die Arbeit wird der Mehrheit der Jüngeren nicht schwer fallen. Das traditionelle Konzept Arbeit sah für die Mehrheit so aus: „Ich arbeite, damit ich Geld verdiene, damit ich mir etwas leisten kann, und das macht mich glücklich." Ziel sind ein hohes Einkommen und viel Konsum. Entsprechend viel häufte man in den letzten 50 Jahren an: Autos, Häuser, Reisen und Technik. Wir konsumierten und vergnügten uns bis zur Sinnlosigkeit.

Der neue Deal bedeutet größere Freiheiten und Chancen. Wir werden Arbeitszeit mit den Verpflichtungen gegenüber der Familie, Freunden und uns selbst besser in Einklang bringen können: „Ich arbeite, um fruchtbare Erfahrungen zu sammeln. Positive Erfahrungen und Erlebnisse sind die Basis meines Glücks." Es geht den Jüngeren weniger um Prestige und Positionen. Im Zentrum stehen die Aufgabe und das Team.

Wer macht was? Ergebnisse zählen, nicht Anwesenheit!

Ich bin sicher: die Chancen, die sich mit der neuen Arbeitswelt auftun, sind größer als die Risiken, die mit ihr verbunden sind. Laut aktuellen Untersuchungen hat nur jeder siebte Deutsche eine hohe emotionale Bindung zu seinem Arbeitgeber. Noch sind die neuen Arbeitnehmer und Arbeitgeber eine Minderheit. Angesichts von Millionen, die wenig motiviert und dennoch oft ausgebrannt ihrer Arbeit nachgehen, führt kein Weg an einer neuen Arbeitskultur vorbei.

Inzwischen wollen nur noch 30 Prozent der deutschen Arbeitnehmer täglich im Büro arbeiten. Das Interesse der Männer an einer Homeoffice-Tätigkeit ist dabei mit 65 Prozent kaum geringer als das der Frauen (75 Prozent). Die Möglichkeit, gelegentlich oder regelmäßig von zu Hause aus zu arbeiten, ist für fast 50 Prozent der Arbeitnehmer sogar wichtiger als seine Gehaltserhöhung.

Die Vorteile von Homeoffice sind Produktivitätssteigerung, weniger Arbeitsausfälle, geringere Personalfluktuation, höhere Arbeitsqualität, mehr loyale und verlässliche Mitarbeiter, Kostensenkung, Reduzierung der Umweltbelastungen, mehr Lebensqualität und positive gesundheitliche Auswirkungen. Die Anzahl der Homeoffice-Tätigen ist jedoch in Deutschland zuletzt stark gesunken. Die Dinosaurier der alten Arbeitswelt verharren in ihren traditionellen Strukturen und Kulturen.

Mittelständische Unternehmen sind hier weiter. Einige Firmen haben die anwesenheitsorientierte Arbeitszeit durch eine aufgabenorientierte ersetzt. Statt zu messen, wie lange ihre Mitarbeiter arbeiten, werden sie an ihren Ergebnissen gemessen. Solche Unternehmen liegen damit im Trend: Gute Arbeitsergebnisse erhöhen für 60 Prozent der Beschäftigten ihre Motivation im Job, mehr Gehalt dagegen nur für 21 Prozent. Drei von fünf Studenten erwarten heute von ihrem künftigen Arbeitgeber, ihre Tätigkeit unabhängig von Arbeitsort und Arbeitszeit verrichten zu dürfen.

„Wer macht was, wann und wo?" waren die vier Ws der alten Organisationslehre. Wann und wo haben in der heutigen Arbeitsgesellschaft ihre Bedeutung verloren. „Wer macht was?" ist die entscheidende Frage in Zukunft. Statt „Arbeitsplätze zu gestalten" gilt es, „Denkräume" für eine neue Ära zu entwickeln.

Arbeit wird weiblicher, die Führungsetagen bleiben männlich

Von der neuen Arbeitswelt profitieren vor allem die Frauen. Seit 2006 gibt es mehr weibliche als männliche Hochschulabsolventen. Inzwischen sind dies über 60 Prozent. Unternehmen mit einem hohen Frauenanteil erreichen laut einer McKinsey-Studie ein fast um die Hälfte besseres Betriebsergebnis gemessen am Branchendurchschnitt. Dennoch sind Frauen in den Führungsetagen deutlich unterrepräsentiert. An der Ausbildung oder der fehlenden Motivation kann dies nicht liegen. Laut einer Studie des Wissenschaftszentrums Berlin (WZB) sagen 99 Prozent der 20- bis 30-Jährigen: „Ich bin gut in dem, was ich tue." An einer gesetzlichen Quote führt daher kein Weg vorbei. Sie ist überfällig.

Den Beruf zur Berufung machen

Wenn Privatleben und Beruf verschmelzen, wird jede Tätigkeit, die wir verrichten, Teil unserer Identität. Die Arbeiter der Zukunft werden Leidenschaften entwickeln, die wir bislang nur von Künstlern, Wissenschaftlern oder Sportlern kennen. Der Beruf wird für immer mehr zur Berufung, der Pflichterfüller zum Kreativarbeiter.

Arbeit muss interessieren, faszinieren und inspirieren. Die klassische Anreizlogik der Old Economy funktioniert nicht mehr. Geld setzt den Fokus zu stark auf die äußere Belohnung. Motivation kommt jedoch meist von innen. Autonomie, Kompetenz und soziale Eingebundenheit sind wichtiger, haben die beiden US-Psychologen Edward Deci und Richard Ryan in ihrer „Selbstbestimmungstheorie der Motivation" herausgefunden.

Thomas Sattelberger gehört zu Deutschlands renommiertesten Personalmanagern. Er war jahrelang Personalvorstand bei der Deutschen Telekom und beklagt eine zu einseitige, allein am Effizienzparadigma ausgerichtete Ausbildung von Ökonomen und Betriebswirten. Ökonomische Effizienz und Innovationen sind nicht dasselbe, so Sattelberger. Den künftigen Managern wird in den Business-Schools ausschließlich die Philosophie des „höher, schneller, weiter" eingetrichtert. Selbst die jüngste Finanzkrise habe daran wenig geändert. Sattelberger fordert, dass Themen wie gesellschaftliche Verantwortung, soziales Handeln und Selbstreflexion auf den Lehrplan gehören. Für das kommende Wirtschaftswunder braucht das Land Unternehmer, die sich als Querdenker auf neue, abseitige Wege wagen.

Neue Sicherheit

Junge Arbeitnehmer haben heute in der Regel alle Chancen und Möglichkeiten, sind jedoch auch neuen Unsicherheiten ausgesetzt. Das Rentenniveau für die Post-Babyboomer sinkt stetig, die Kosten für Gesundheit, Kinder und Miete steigen dagegen. Viele gehen das Risiko einer Familie mit Kindern auch aus materiellen Gründen nicht ein. Sie sind zu mehr Eigenverantwortung und privater Vorsorge bereit und erwarten nicht mehr alles vom Staat.

Sie brauchen aber neue Sicherheiten, insbesondere auf dem Arbeitsmarkt. Daher sollten in Zeiten von Fachkräftemangel und Demografie neue Arbeitsverhältnisse nach einer Probezeit entfristet geschlossen werden. Dafür kann im Gegenzug der Kündigungsschutz entfallen. Dieser hat sich insbesondere in Krisenzeiten als diskriminierend gegenüber Älteren, Frauen, Jugendlichen und Migranten gezeigt. Weniger Kündigungsschutz, das haben Studien der OECD ergeben, führt zu mehr Beschäftigung.

Nicht die Arbeit, die Arbeitskräfte gehen uns aus

Bis 2030 fehlen uns über 6,5 Millionen Arbeitskräfte. Bleibt es bei der Erhöhung der Lebensarbeitszeit („Rente mit 67"), ergeben sich bis 2030 etwa 2,7 Millionen zusätzliche Erwerbspersonen. Neben der Erhöhung der Erwerbsbeteiligung Älterer lässt sich die Fachkräftelücke schließen, wenn mehr Frauen mehr arbeiten. Eine Studie von McKinsey und der Bundesagentur für Arbeit kommt auf ein zusätzliches Potential von bis zu zwei Millionen Fachkräften.

Bei einem optimistischen Szenario und einer zusätzlichen Mobilisierung von zusätzlich 4,1 Millionen Erwerbspersonen ließe sich der demografiebedingte Rückgang auf rund 2,5 Millionen begrenzen. Nachhaltiger wäre eine über das Jahr 67 hinaus gehende Erhöhung der Lebensarbeitszeit und eine höhere Zuwanderung aus Ländern in- und außerhalb Europas. Die Chancen dafür stehen gut. Der Anteil der Menschen, die zwischen 60 und 64 Jahren arbeiten, hat sich allein in den letzten 10 Jahren verdoppelt. Knapp die Hälfte in dieser Altersgruppe ist heute erwerbstätig. Davon profitieren vor allem die Frauen. Ihre Erwerbsquote stieg in der Altersgruppe in den letzten 10 Jahren von 16 auf fast 41 Prozent und hat sich damit fast verdreifacht.

Die jungen Alten verändern die Arbeitswelt

Wer heute in den Ruhestand geht, hat noch viele Jahre vor sich. Waren es 1960 nur 10 Jahre, die der Durchschnittsdeutsche in Rente verbrachte, werden es bald mehr als 20 Jahre sein. Gesundheitlich geht es den jungen Alten immer besser. Viele fühlen sich jünger, sind unternehmenslustig und körperlich und geistig fit. An ihnen gehen Debatten wie „Rente mit 63" völlig vorbei.

In den nächsten 15 Jahren gehen in Deutschland 20 Millionen Menschen in den Ruhestand, so viele wie nie zuvor. Vorbereitet darauf sind die wenigsten Unternehmen, Betriebe und Arbeitnehmer.

Mehr als 60 Prozent der Arbeitgeber gehen davon aus, dass ihre Mitarbeiter bis zum gesetzlichen Renteneintrittsalter voll erwerbstätig sind und dann von einem Tag auf den anderen in Rente gehen. Auch die Arbeitnehmer wollen den Beruf von heute auf morgen beenden, nur früher. Einen flexiblen Übergang vor dem gesetzlichen Renteneintrittsalter können sich nur die wenigsten Arbeitgeber und Arbeitnehmer vorstellen.

Zwei Drittel der Arbeitgeber bieten aktuell überhaupt keine Möglichkeit, die Zeit der Erwerbstätigkeit über das gesetzliche Renteneintrittsalter hinaus zu verlängern. Und auch bei den Arbeitnehmern stößt die Möglichkeit, nach dem Renteneintritt noch zu arbeiten, auf geringes Interesse. Das wird sich schon bald ändern, wenn die geburtenstarken Babyboomer in den Sechzigern sind. Viele von ihnen sind zu fit und engagiert, um den totalen Schritt in den Ruhestand zu unternehmen. Einer von ihnen ist der Vater meiner Partnerin. Obwohl er als Schwerbehinderter in wenigen Jahren in Rente gehen könnte, will er länger arbeiten. Arbeit ist eben nicht nur Broterwerb, sondern stiftet vor allem Sinn und Anerkennung.

Das starre Renteneintrittsalter mit 65 (oder 67) ist eine Regelung, die längst von der Wirklichkeit überholt ist. Wir sollten es wie unsere Nachbarn machen und das einheitliche Renteneintrittsalter abschaffen und flexibilisieren. In Norwegen können Beschäftigte innerhalb einer Spanne von 62 bis 75 Jahren in den Ruhestand gehen. In Großbritannien können Arbeitgeber ihre Beschäftigten nur dann wegen ihres Alters entlassen, wenn dies im Arbeitsvertrag ausdrücklich vereinbart wurde. Sonst gilt das Arbeitsverhältnis bis zum Tod – es sei denn, der Arbeitnehmer kündigt vorher.

Die Flexi-Rente kommt

„Die Rente ist sicher" gilt nur noch für die Generation der Babyboomer. Für kommende Jahrgänge wird die gesetzliche Rente oft nicht mehr als eine Mindestsicherung abwerfen. Die Post-Babyboomer stellen sich längst darauf ein, länger zu arbeiten.

Im europäischen Vergleich sind wir mit den skandinavischen Ländern Vorreiter. Das faktische Renteneintrittsalter liegt in Deutschland im Schnitt bei 62,1 Jahren. Auch bei der Erwerbsbeteiligung Älterer hat Deutschland aufgeholt. In der Gruppe der 55- bis 64-Jährigen arbeiten mehr als 60 Prozent. In Schweden und Norwegen sind es fast 70 Prozent. Schwedische Männer arbeiten im Schnitt bis zum

Alter von 66 Jahren. Das Deutsche Institut für Wirtschaftsforschung (DIW) schätzt das Potenzial auf bis zu 250.000 Rentner, die arbeiten wollen. Nach dem Mikrozensus gibt es etwa 100.000 Menschen im Alter von 65 bis 74 Jahren in Deutschland, die nicht arbeiten, dies aber gerne täten.

In der Altersgruppe der 65- bis 69-Jährigen hat sich die Erwerbstätigenquote in den letzten 10 Jahren von 5 auf 11 Prozent erhöht. Nimmt man eine Quote von 10 Prozent zum Ziel – und damit die Rentner-Quoten in der Schweiz oder Dänemark – ergibt sich ein Zuwachs von 250.000 Beschäftigten. Dass dies keineswegs zu Lasten der Jüngeren gehen muss, zeigen die genannten Länder. Die Jugendarbeitslosigkeit ist dort niedrig. Der Arbeitsmarkt ist eben kein Nullsummenspiel, bei dem die einen nur auf Kosten der anderen gewinnen.

Die Flexi-Rente ist auf dem Vormarsch. Wer beispielsweise in Schweden mit 61 Jahren in Rente geht, bekommt 18 Prozent weniger Rente, als wenn er bis 65 gearbeitet hätte. Arbeiten bis 70 oder 75 wird Mitte des Jahrhunderts zur neuen Regel. Viele von ihnen sind körperlich und geistig fit – insbesondere, wenn sie ihren Job mit Leidenschaft ausfüllen. Das Arbeitsleben der Zukunft kommt daher einem Marathonlauf gleich. Zur zentralen Herausforderung wird es, die eigene Kondition einzuteilen. Gesundheitsmanagement, Prävention und regelmäßige Weiterbildung werden immer wichtiger.

Das Ende der Langzeitarbeitslosigkeit

Der Aufschwung am Arbeitsmarkt geht regelmäßig an einer Gruppe vorbei: den Langzeitarbeitslosen. Der deutsche Arbeitsmarkt ist zweigeteilt: Auf der einen Seite gibt es es eine wachsende Nachfrage nach Fachkräften, auf der anderen Seite harrt ein Heer von Abgehängten. Mehr als eine Million Menschen sind seit mindestens einem Jahr auf der Suche nach einer Beschäftigung und gelten in Deutschland als langzeitarbeitslos. Etwa eine halbe Million von ihnen gelten als „unvermittelbar". Sie sind oft aus physischen oder psychischen Gründen nicht mehr als drei Stunden am Tag in der Lage zu arbeiten und werden von einer Beschäftigungsmaßnahme zur nächsten Weiterbildung weitergereicht. Beschäftigung und Chancen auf Arbeit werden für diese Gruppe lediglich simuliert.

Die Gruppe der nicht vermittelbaren Langzeitarbeitslosen darf aus Gründen der Würde und der Teilhabegerechtigkeit nicht abgehängt bleiben. Modelle wie das Projekt Bürgerarbeit sollten ausgebaut und entsprechend finanziert werden. Jeder Langzeitarbeitslose soll die Möglichkeit und Chance erhalten etwas Sinnvolles aus und in seinem Leben zu tun. Auch für diese Menschen gibt es genug zu tun, etwa als (zusätzliche) Kraft in Kindergärten, Schulen, Kranken- und Pflegehäusern und gemeinnützigen Einrichtungen.

Neo-Arbeit: die Agenda

1. **Denkräume statt Arbeitsplätze.** *Der traditionelle physische Arbeitsplatz weicht dem modernen „Thinkplace". Innovationen und neue Ideen entstehen selten an einem festen Ort.*
2. **Auszeiten statt Arbeitslosigkeit.** *Regelmäßige Auszeiten sind der beste Schutz gegen Burnout und zu viel Stress. Die kollektive Arbeitslosenversicherung wird im Zeitalter von Vollbeschäftigung und Fachkräftemangel in eine Versicherung für individuelle Auszeiten umgewandelt.*
3. **Die neue Arbeitskultur: Geld plus Glück.** *Mehr Freizeit, Urlaub, ein Sabbatical, einen garantierten Feierabend, mehr Homeoffice-Zeiten und eine freie Einteilung der Arbeitszeit.*
4. **Die Aufgabe zählt, nicht die Anwesenheit.** *Statt Präsenz von 9 bis 17 Uhr geht es um die Erfüllung von Zielen und Aufgaben. Jeder entscheidet selbst, wann, wo und wie er arbeitet.*
5. **Sicherheit für Alle!** *Eine mobile und flexible Arbeitswelt braucht neue Sicherheiten. Neue Arbeitsverhältnisse werden unbefristet geschlossen und dürfen nur aus besonderen Gründen beendet werden. Der Kündigungsschutz wird damit hinfällig.*
6. **Manager breiter ausbilden:** *gesellschaftliche Verantwortung, soziales Handeln und Selbstreflexion werden fester Bestandteil der Ausbildung.*

7. **Die stillen Rerven heben: Frauen, Ältere, Migranten.** *Die demografisch bedingte Arbeitskräftelücke lässt sich durch längeres Arbeiten, eine Ausweitung der Frauenerwerbszeit, eine bessere Integration und mehr Zuwanderung von Migranten fast schließen.*
8. **Mehr Frauen in Führungspositionen!** *Mehr Vielfalt ist der Schlüssel. Mehr Frauen in Führungspositionen sind im ureigenen Interesse der Wirtschaft. Deutschland braucht die Quote!*
9. **Schluss mit dem starren Rentenalter!** *Das gesetzliche Renteneintrittsalter wird aufgehoben und durch flexible Wege des Übergangs abgelöst. Jeder soll selbst bestimmen, wann er oder sie in Rente geht.*
10. **Aufschwung auch für die Abgehängten:** *Statt für nicht vermittelbare Langzeitarbeitslose privatwirtschaftliche Beschäftigung zu simulieren sollten diese dauerhaft gemeinnützig tätig sein.*

5   Neo-Kapitalismus: Die neue Verantwortung der Unternehmen

„Wos is des für a Revolution, die auf der Befindlichkeit von Leuten beruht, deren Maßstab die eigene Festanstellung ist?"

Wolf Lotter

Folgt auf den „Pumpkapitalismus" (Ralf Dahrendorf) der soziale Kapitalismus? Vieles spricht dafür, dass sich auch der Kapitalismus neu erfindet. Er wird ziviler, kreativer und inklusiver. Soziale Verantwortung wird zum Wachstums- und Innovationsmotor. Zu den entscheidenden Faktoren werden Technologien, Talente und Toleranz.

Zu Beginn dieses Jahrhunderts erlebte die Welt den Boom und die Macht der „Neuen Ökonomie". Plötzlich schien alles möglich. Geld, Freiheit, Experimente. Der Schriftsteller Rainer Merkel schrieb später den Roman „Das Jahr der Wunder". Für mich war es der Beginn meiner beruflichen Selbständigkeit. Gemeinsam mit Gleichgesinnten aus Politik, Wirtschaft und Wissenschaft gründete ich im Jahr 2000 eine Denkfabrik. Unsere Agenda war ein neues Gleichgewicht aus Kapitalismus, Staat und Bürgergesellschaft. „Deutschland ruckt" hieß das Erstlingswerk, erschienen in einem E-Book-Verlag. Seitdem haben sich Welt, Wirtschaft und Deutschland rasant und radikal verändert.

Die „Neue Ökonomie" war der Vorbote eines Finanzexzesses, den Ralf Dahrendorf später als „Kapitalismus auf Pump" beschrieb. Statt Geld mit der Wertschöpfung von Gütern und Dienstleistungen zu verdienen, setzte diese Form des Kapitalismus darauf, Geld mit Geld, genauer: Geld mit geborgtem Geld zu „verdienen". Ursache der Krise, unter deren Folgen wir auch heute noch leiden, ist eine Mentalität der Gier und der übertriebenen Erwartungen, nicht nur von Bankern und Unternehmern. So wie sich das soziale und mentale Klima vor mehr als 20 Jahren verändert hat, verändert es sich seit der Finanzkrise. Es entsteht ein neuer Kapitalismus, der mehr Rücksichten nimmt auf soziale Beziehungen und Bindungen und diese als Garanten für neues und nachhaltiges Wachstum sieht.

Wenn Ideen und Bindungen wichtiger werden als Produkte

Der alte Industriekapitalismus basierte auf strikter Trennung: Arbeit gegen Kapital, Männerwelt gegen Haushaltsleben, Privatleben versus Berufsleben, Gesellschaft gegen Wirtschaft, Markt gegen Staat. Das duale Denken prägt unsere Arbeits- und Wirtschaftswelt auch heute noch. Ihre Grenzen werden jedoch zunehmend durchlässig. Lebens- und Arbeitswelten durchmischen sich, die Grenzen verschwimmen, Wirtschaft wird sozialisiert und das Zusammenleben oft ökonomisiert.

Der neue Kapitalismus ist netzwerkartiger, setzt weniger auf Institutionen, sondern auf unmittelbare Bindungen und Verträge. Angetrieben von den neuen Möglichkeiten der Kommunikationstechnologien wird er immer produktiver, differenziert sich aus und ist auf offene Grenzen und best ausgebildete Arbeitnehmer angewiesen. Seine Wertschöpfung ist damit anfälliger. Er funktioniert nur unter der Voraussetzung von Toleranz, Offenheit und Kooperation.

Ein neuer Kapitalismus ist entstanden, vor allem in Deutschland. Unternehmen und Gewerkschaften haben in den letzten Jahren die Veränderungen zwar langsam, aber stetig vorangetrieben und die sich aus ihnen ergebenden Möglichkeiten genutzt. Neue Arbeitsformen, flexiblere Arbeitsverhältnisse und mehr Markt haben nicht zu der oft beschworenen „Ökonomisierung aller Lebensbereiche" geführt.

Erfolgreiche Unternehmen (und Gewerkschaften!) sehen in den neuen Polaritäten Hierarchie versus Netzwerk, Jung versus Alt, Frauen versus Männer und in unterschiedlichen Kulturen vor allem Herausforderungen, die sie aktiv nutzen können. Das Management von Polarität wird wie das Management von Komplexität und Diversität zu einem entscheidenden Faktor.

Vorteil Vielfalt: Gemischte Teams sind erfolgreicher

Es gibt nicht den einen Kapitalismus, es gibt viele. Kapitalismus ist Vielfalt, nicht Einheit. „Wirtschaft ist nie Wirtschaft allein", schreibt der brandeins-Essayist Wolf Lotter („Die Kreative Revolution"). Wirtschaft lebt von Unterschieden, von Werten und Kulturen, in einem Wort: von der Vielfalt.

Zwischen der Vielfalt in den Unternehmen und ihrem Erfolg besteht ein unmittelbarer Zusammenhang. Interkulturelle Kompetenzen und entsprechend heterogene Teams werden in einer globalisierten Welt immer wichtiger. Der neue Kapitalismus setzt auf Unternehmen, die sich darüber im Klaren sind, dass es auf Ideen, schöpferisches Denken und das kreative Zusammenspiel aller Kräfte ankommt. Das neue Kapital sind Ideen, das neue Vermögen sind die Mitarbeiter. Nur eine Unternehmenskultur, die auf Vielfalt setzt, wird die Potenziale der Mitarbeiter voll zur Entfaltung bringen.

Zur neuen Aufgabe der Unternehmen wird es, Diversität zu managen. Männer und Frauen, ethnische Minderheiten und Jung und Alt. Die alte Ordnung, bestehend aus Klassen, Geschlechtern und Milieus, zerbricht.

Talente, Toleranz und Technologien

Früher standen die Staaten im Wettbewerb um Rohstoffe, dann Industrien und Unternehmen um Konsumenten. Heute sind es die Regionen und Kommunen um Talente.

Kreativität wird zur wichtigsten Größe für den ökonomischen Erfolg. Der US-amerikanische Politikwissenschaftler und Stadtforscher Richard Florida hat in seiner Studie *The Rise of The Creative Class. And How It`s Transforming Work, Leisure and Everyday Life* vor mehr als 10 Jahren nachgewiesen, dass den kreativen Branchen und Sektoren eine Schlüsselrolle in der heutigen Wirtschaft zukommt.

Er listet insbesondere folgende Teilbereiche auf:
- Wissenschaft und Forschung;
- Ingenieurwesen;
- Architektur;
- Design;
- Kunst;
- Medien und Unterhaltung.

Floridas Theorie versucht eine Antwort auf die Herausforderungen der Globalisierung. Die Sorgen und Ängste in den neunziger Jahren des letzten Jahrhunderts waren: Werden Standorte und Produktionseinheiten in Billiglohnländer abwandern? Wird der Westen verarmen oder gar untergehen? Florida stellt eine andere Frage: Wie kann es kommen, dass manche Regionen über eine hohe Dichte an gut ausgebildeten, hochkreativen Arbeitskräften verfügen? Welche Kriterien müssen erfüllt sein, damit kluge, kreative Köpfe dort gerne bleiben, viel Geld ausgeben und Steuern zahlen?

Die Antwort: Je liberaler, je offener Standorte sind, desto besser ist dies für die Ansiedlung kreativer Industrien. Toleranz zieht Talente an. Und daraus entsteht Technologie, ein Sammelbegriff für kreative Lösungen. Talente, Toleranz und Technologie sind die zentralen Elemente eines neuen regionalen Kapitalismus. Denn es sind die Regionen, insbesondere die Metropolregionen, auf die es in Zukunft ankommen wird. Orte, in denen der Ausbildungsgrad der Bevölkerung hoch und die kulturelle und individuelle Vielfalt (Diversity) sichtbar ist. Die attraktiven Bedingungen führen zu einer hohen Produktivität und spürbaren Innovationsschüben. Das ist ein echter Paradigmenwechsel. Es zählen nicht mehr allein harte Standortfaktoren wie Steuern und Abgaben, sondern zunehmend auch kulturelle und soziale Fähigkeiten und Faktoren.

Zur unabdingbaren Voraussetzung wird Technologieakzeptanz. Deutschland ist nicht konstant technologiefreundlich. Die Angst vor den Risiken neuer Technologien überwiegt. Bio-, Nano- oder Internettechnologien stoßen zunehmend auf Ablehnung.

Der Kreative Kapitalismus

Die kapitalistische Wirtschaftsordnung ist auf Krisen aufgebaut. In ihrem Wesen liegt es, Katastrophen und Zusammenbrüche zu erzeugen, bis kein Stein mehr auf dem anderen bleibt. Das schrieb Karl Marx bereits vor mehr als 150 Jahren. Heute ist es Thema fast jeder deutschen Talkshow.

Neo-Kapitalismus

Antikapitalismus und Anti-Wachstums-Rhetorik sind in Mode. Was bedeutet die Finanzkrise für den Kapitalismus? Sie wird den Wandel zur kreativen Ökonomie weiter beschleunigen.

Die Globalisierung verändert die Spielregeln. Wir, der alte Westen, müssen innovativer, kreativer und auch sozialer werden. Der Kreative Kapitalismus ist mehr als nur eine Wirtschaftsform, die immer mehr vom Gleichen herstellen muss. Er ist ein Versprechen und Commitment: „Alles hängt mit Allem zusammen." Der alte Dualismus und das Denken in Entweder-Oder sind tot. Die Zwei-Welten-Theorie – hier die böse Ökonomie, dort die gute Gesellschaft – ist widerlegt. Die künstliche Trennung von Wirtschaft, Wissenschaft, Kultur und Gesellschaft ist obsolet geworden.

Der Kreative Kapitalismus und die Kreative Gesellschaft sind zwei Seiten einer Medaille. Freiheit und Kreativität gehören zusammen: „Kreativität ist ein Grundelement der menschlichen Existenz", schreibt Richard Florida, „ein breit angelegter, sozialer Prozess, der Zusammenarbeit erfordert. Sie wird stimuliert durch menschlichen Austausch und durch Netzwerke. Sie findet statt in tatsächlichen Gemeinschaften und an realen Orten."

Neo-Führung: Koordination statt Kontrolle

Die Führung eines Unternehmens besteht immer weniger in der Kontrolle, Rechnung, Zielerreichung, sondern in moderierender Koordination. Ziel ist das Empowerment der Mitarbeiter. Es entsteht eine neue Form der Organisation: komplexe Arbeit ohne institutionelle Hierarchie. Damit wächst die Autonomie und Selbstbestimmtheit der Organisationseinheiten. Führung wird zum Stimulieren sozialer Selbstorganisation.

Der Kreative Kapitalismus mit seiner neuen Firmenkultur kann das verwirklichen, was die sozialistischen Utopien nie geschafft haben: die Partizipation und Teilhabe ihrer Mitarbeiter. Sein Leitbild ist der sozial unternehmerische Bürger. Sein Ziel ist die Befreiung des Menschen von seiner selbst verschuldeten ökonomischen Abhängigkeit. Ein solcher „Zivilkapitalismus" (Wolf Lotter) braucht andere Unternehmen und eine Neudefinition von Kapitalismus.

Die neuen Sozialunternehmer

Vom Automobilunternehmer Bill Ford stammt der schöne Satz: „Ein gutes Unternehmen bietet exzellente Produkte und Dienstleistungen – ein herausragendes bietet exzellente Produkte und Dienstleistungen und ist gleichzeitig bestrebt, eine bessere Welt zu schaffen."

Wir haben in Deutschland viele gute Unternehmen, die exzellente Produkte herstellen und anbieten. Herausragende Unternehmen wollen aber mehr. Sie wollen gemeinsam mit ihren Mitarbeitern nachfolgenden Generationen eine bessere Welt hinterlassen.

Unsere Verfassung, das Grundgesetz, enthält dazu eine wichtige Bestimmung, die Grundlage unserer Sozialen Marktwirtschaft ist: „Eigentum verpflichtet. Sein Gebrauch soll zugleich dem Wohl der Allgemeinheit dienen." Wenn wir Eigentum nicht nur materiell definieren, lässt sich dieser Satz auch auf andere Themen übertragen: „Exzellenz verpflichtet. Ihr Gebrauch soll auch anderen dienen."

Wo der Eigentumskapitalismus langsam und Alternativen und neuen Optionen gegenüber wenig aufgeschlossen ist, ist der neue Kapitalismus offener, sozial kreativer und am Ende auch innovativer. Ein Begriff belegt diesen Trend: der „Sozialunternehmer". Sozialunternehmertum macht Menschen unabhängig und hilft ihnen zur Selbsthilfe. Der Sozialunternehmer handelt als politischer Akteur, aber in persönlicher Betroffenheit und mit persönlichem Engagement. Er ist Bürger und Unternehmer. Das Ökonomische wird sozial und das Soziale ökonomisch.

Sozialunternehmer (oder „social entrepreneure") gefährden den deutschen Sozialstaat nicht, sondern machen ihn erst möglich. Im 19. Jahrhundert waren es die Gründer der großen diakonischen und karitativen Werke und Einrichtungen, auf welchen der Sozialstaat aufbauen konnte. Heute sind es „Soziale Kapitalisten" (Hannes Koch), die einen wachsenden Markt für umwelt- und sozialverträgliche Produkte bedienen. Mehr Menschen als früher verlangen Biolebensmittel oder Autos, die weniger Abgase ausstoßen, oder Sportschuhe, deren Produzenten Mitglied in der Gewerkschaft sein dürfen, auch wenn sie in Malaysia leben.

Markt- und Trendforscher sprechen von »Lifestyle of Health and Sustainability« – einen gesunden und nachhaltigen Lebensstil. „Gutes tun beim Konsum" – dieses Bedürfnis bedienen die Sozialen Kapitalisten. Längst gibt es für diese Unternehmen auch einen eigenen Aktienindex, den „Dow Jones Sustainability Index". Die dort erfolgreich gelisteten Unternehmen sind überzeugt, dass sie nur dann langfristig erfolgreich sein und Mehrwert für ihre Aktionäre erzielen können, wenn sie auch einen Mehrwert für die Gesellschaft erzeugen.

Sozialer Reichtum

Dafür sorgen vor allem bewusste und besorgte Konsumenten und Verbraucher. Ihre Macht wird stärker. Die Unternehmen werden sie stärker ansprechen und einbeziehen müssen. Viele sprechen inzwischen von einer „share economy" – einer Wirtschaft, in der das Nutzen und Teilen wichtiger wird als das Besitzen. Eine Wirtschaft, in der der soziale Reichtum den finanziellen ablöst. Zu den neuen Statussymbolen gehören heute Freunde, Netzwerke, Kinder, Zeit für sich selbst und andere.

Die Avantgarde des neuen Konsumstils sind die „LOHAS". Ihr Lifestyle of Health and Sustainability steht für ein kritisches Öko-Bewusstsein, das jedoch nicht auf den Verzichtsgedanken aufgebaut ist. Sie distanzieren sich von den Anti-Konsumisten der siebziger und achtziger und unterscheiden sich deutlich von den Yuppis der neunziger Jahre. Jeder siebte Haushalt gehört inzwischen zum harten Kern der LOHAS, jeder achte steht ihnen nahe. Der Werte- und Kulturwandel vergrößert ihre Zahl täglich. So geht der Stellenwert in dieser Gruppe, ein Auto selbst zu besitzen, stetig zurück. Immer mehr verzichten auf ein Auto, fahren mit öffentlichen Verkehrsmitteln, fahren Fahrrad oder steigen auf Car-Sharing um. Das neue Statussymbol der Deutschen ist inzwischen die Küche.

Profit, People, Planet

Ökonomische, ökologische und soziale Ziele müssen nicht im Widerspruch zueinander stehen, sondern stehen gleichberechtigt nebeneinander. Sozialer Kapitalismus und Corporate Social Responsibility (CSR) haben nichts zu tun mit den alten Versuchen, den Staat durch Privatisierung zu entlasten und Kosten zu sparen. Ziel ist ein Paradigmenwechsel: der Abschied von der reinen Staatsfixierung und dem traditionellen Konflikt „mehr Markt oder mehr Staat".

Der amerikanische Ökonom und Nobelpreisträger Milton Friedman schrieb in den siebziger Jahren: „Die gesellschaftliche Verantwortung von Unternehmen ist es, ihren Gewinn zu maximieren." Heute geht es um „Rendite plus Rücksicht".

Ein Unternehmen, eine Wirtschaftsordnung, in der alle alles der kurzfristigen Gewinnmaximierung unterordnen, können auf Dauer ebenso wenig erfolgreich sein wie eine Politik, die sich nur auf die Stimmenmaximierung bei der nächsten Wahl konzentriert und bei der die Institutionen nicht mehr funktionieren. Es geht um Balancen, es geht nicht um eine einseitige Maximierung sondern um eine – aufs Ganze und auf Dauer betrachtet – gemeinsame Optimierung verschiedener Zielwerte.

Ein Unternehmen, das kein Engagement gegenüber der Gesellschaft zeigt oder sich unethisch verhält, zerstört nicht nur seinen Ruf. Es verliert zudem viele seiner Kunden und verliert die Motivation seiner Mitarbeiter. Damit verliert es sein wichtigstes Kapital. Die Wiedereinbettung des wirtschaftlichen in den gesamtgesellschaftlichen Diskurs ist auf Dauer Voraussetzung auch für den wirtschaftlichen Erfolg.

Der Soziologe Daniel Bell hat schon vor 50 Jahren angemerkt, dass nicht die ökonomischen, sondern die kulturellen Widersprüche den Kapitalismus in Frage stellen können. Gerade weil er ökonomisch so erfolgreich ist, bringt er aus sich eine wachsende Schicht hervor, die ihn kulturell in Frage stellt.

Die Protestbewegung gegen Globalisierung und „Neoliberalismus" wird daher Zulauf bekommen nicht aus den marginalisierten Schichten, sondern von den gut Qualifizierten, die auf der Suche nach neuem Sinn sind oder sich kulturell als Verlierer fühlen.

In einer Wissensgesellschaft sind es zunehmend die nicht-ökonomischen Folgen und Faktoren, die über Erfolg und Akzeptanz eines Unternehmens entscheiden. Unternehmen, die sich an sozialen und ökologischen Kriterien orientieren, erarbeiten sich einen Wettbewerbsvorteil und sichern ihren wirtschaftlichen Erfolg. Sie reduzieren Kosten, generieren Umsatz und stärken die Reputation.

**Rendite mit Rücksicht:
nachhaltige Geldanlagen**

Laut Studien interessieren sich mehr als 16 Millionen Deutsche für „sozial-ökologische Bankangebote". Nachhaltige Geldanlagen sind in und erfreuen sich wachsender Kundschaft. So konnte allein die GLS Bank 2013 über 23.000 neue Kunden gewinnen, ein Zuwachs von 16 Prozent. Fünf Bereiche stehen dem Anleger zur Auswahl: Wohnen, Energie, Bildung, Soziales und Ernährung.

Das Volumen für nachhaltige Geldanlagen beträgt in Deutschland inzwischen mehr als 73 Milliarden Euro. Der Markt ist noch neu.

Das Ziel: Kreative Ökonomie und Gesellschaft

Auch in der Wirtschaft und in der Gesellschaft geht die Entwicklung weiter. Forschung und Technologie haben der Herstellung von industriellen Gütern und Dienstleistungen eine neue Dimension verliehen. Manche sprechen von der Entstehung einer „kreativen Ökonomie" oder auch einer Ökonomie der Kreativen. Deutschland muss sich für diese Zukunft einer primär wissensbasierten Ökonomie wappnen. Das ist eine Herausforderung für die gesamte Gesellschaft. Was wir vor uns haben, ist mehr als eine politische oder gar nur wirtschaftspolitische Aufgabe, es handelt sich um eine kulturelle Herausforderung im weitesten Sinne.

Eine kreative Ökonomie braucht kreative Menschen. Kunst und Kultur sind nicht nur um ihrer selbst willen wichtig, sie sind vielmehr elementare Schubkräfte für das Entstehen neuer Ideen und damit auch für die Ökonomie des 21. Jahrhunderts. Die Stärke und die Zukunft Deutschlands liegen in einer kreativen Industriegesellschaft; sie liegen in der Verknüpfung von Produktion, Wissenschaft und Forschung nicht nur mit einer spezifischen Service- und Kundenorientierung, sondern auch mit einem entsprechenden und ansprechenden Design. Das gilt nicht nur für die Großunternehmen, sondern gerade auch für das Handwerk und den Mittelstand.

Unternehmensnahe und auch personenbezogene Dienstleistungen werden zwar weiter an Bedeutung gewinnen, doch würde das Land zurückfallen mit dem Versuch, sein Heil in einer reinen Dienstleistungsgesellschaft zu suchen. Zurückfallen würde unser Land aber auch, wenn es nicht gelingt, seine Industrien auf das Niveau des 21. Jahrhunderts zu heben. Es liegt auf der Hand, dass immer mehr Wissen und Forschung in die Produkte der Zukunft eingehen werden, und doch würde eine Positionierung des Landes als reine Wissensgesellschaft ebenfalls zu kurz greifen.

Es ist die Anwendung von Wissenschaft und Forschung auf den klassischen Gebieten wie zum Beispiel Energie und Chemie und auch bei den neuen Überlebenstechnologien wie zum Beispiel Klima, Ernährung und Gesundheit, welche die Wirtschaft und das gesamte Land nach vorne bringen.

Ziel ist ein nachhaltiges Wachstum und eine führende Rolle bei den neuen Überlebenstechnologien. Lösungen für globale Herausforderungen „made in Germany" werden zum entscheidenden Motor für Innovation.

Neo-Kapitalismus: die Agenda

1. **Der neue Kapitalismus:** *Kreativität und Innovation, Bindungen und Beziehungen entscheiden über den Erfolg. Das „Leben auf Pump" wird abgelöst durch soziales Unternehmertum.*
2. **Vorteil Vielfalt: Diversity entscheidet.** *Gemischte Teams – Frauen, Männer, Jung und Alt, Menschen mit und ohne Migrationshintergrund – sind erfolgreicher als heterogene Belegschaften.*
3. **Die neuen Standortfaktoren: Talente, Toleranz und Technologien.** *Je liberaler, je offener Standorte sind, desto besser ist dies für die Ansiedlung kreativer Industrien. Toleranz zieht Talente an. Und daraus entstehen Technologien und kreative Lösungen.*
4. **Der neue Imperativ: Der Kreative Kapitalismus.** *Der Kreative Kapitalismus mit seiner neuen Firmenkultur kann das verwirklichen, was sozialistische Utopien nie geschafft haben: die Partizipation und Teilhabe aller Mitarbeiter.*
5. **Neo-Führung: Kooperation statt Kontrolle.** *Die Führung eines Unternehmens besteht immer weniger in der Kontrolle, Rechnung, Zielerreichung, sondern in moderierender Koordination. Ziel ist das Empowerment der Mitarbeiter.*
6. **Die Macht verschiebt sich:** *von Firmen zu*

Kunden, von Experten zu Laien, von der Politik zu den Verbrauchern und Bürgern.

7. **Die neuen sozialen Kapitalisten** *sind Unternehmen, die gemeinsam mit ihren Mitarbeitern nachfolgenden Generationen eine bessere Welt hinterlassen wollen.*
8. **LOHAS: die neuen Verbraucher.** *Lifestyle of Health and Sustainability steht für ein kritisches Öko-Bewusstsein, das nicht auf den Verzichtsgedanken aufgebaut ist. LOHAS distanzieren sich von den Anti-Konsumisten der siebziger und achtziger und unterscheiden sich deutlich von den Yuppis der neunziger Jahre.*
9. **People, Profit, Planet: Rendite mit Rücksicht.** *Nachhaltige Geldanlagen sind in. Nachhaltigkeitsbanken erfreuen sich wachsender Beliebtheit.*
10. **Wachstumstreiber Nachhaltigkeit.** *Unternehmen orientieren sich in einem aufgeklärten Eigeninteresse an sozialen und ökologischen Nachhaltigkeitsstandards.*

6   Neo-Ökologie: Innovativ Überleben

„Nachhaltigkeit ist ein moralisierender Begriff. Aber immer wenn es uns schlecht geht, vergessen wir unsere Moral. Deshalb sollten wir von vorne herein auf Qualität und Schönheit setzen und nicht auf Nachhaltigkeit. Dann entstehen Innovationen."

Michael Braungart, Cradle to Cradle

Wir haben die Umwelthysterie der achtziger Jahre überlebt, wir werden auch den Klima-Alarmismus in diesem Jahrhundert überleben. Mit Angst und Verboten lässt sich kein Mentalitätswandel organisieren. Wir leben nicht in der Endzeit der Menschheit. Die Überlebenskrise ist vielmehr der Normalzustand. Die These von den Grenzen des Wachstums ist ebenso unbegründet wie das Gefühl, dass wir Menschen schädlich sind. Wir können sauberer, gesünder und besser leben. Dafür brauchen wir eine neue ökologisch-industrielle Revolution und eine Politik der Nicht-Nachhaltigkeit.

Der beste Beitrag für mehr Umwelt- und Klimaschutz ist der Verzicht auf Kinder. Das behauptete vor ungefähr zehn Jahren der damalige Sprecher und Gründer der Stiftung für die Rechte zukünftiger Generationen Jörg Tremmel auf einer Konferenz in Berlin. Wie viele seiner Generation ist er in den achtziger Jahren in West-Deutschland aufgewachsen, als die Wälder starben, der Regen sauer war und in der heutigen Ukraine ein AKW brannte und eine „grüne Wolke" gen Westen schickte. Wir leben immer noch und die Menschen in der Ukraine haben heute andere Sorgen als einen steigenden Meeresspiegel.

Ich wurde in den achtziger Jahren mit Sprüchen wie „In zehn Jahren wird es keine Singvögel mehr geben" und „Kinderkriegen ist unverantwortlich" groß. Mit blankem Entsetzen fuhren wir durch sterbende Wälder und sahen den letzten Vögeln auf dem Weg nach Afrika nach. Vielleicht ist der Geburtenrückgang der letzten Jahrzehnte auch eine Folge der apodiktischen und alarmistischen Umweltbewegung? Und wohin soll der „Überdruss am Überfluss" führen? In Zukunft werden wir zwar schon allein aus Gründen der Demografie weniger konsumieren, das Leben wird dadurch aber nicht einfacher. Ohne Wachstum werden wir die Welt nicht verbessern.

Die große Transformation ist eine gefährliche Utopie

Angstszenarien und Alarmismus provozieren Apathie und Aporie. Warum ist die „große Transformation", die viele Klimawissenschaftler und Globalisierungskritiker seit Jahren fordern, bislang ausgeblieben? Eine negative Antwort kommt von Stephen Emmott: „Wir sind nicht zu retten" lautet die zentrale Botschaft seines Bestsellers „Zehn Milliarden". Dabei ist der Autor eigentlich von Berufs wegen zum Optimismus verpflichtet. Als Leiter eines Microsoft-Labors forscht er mit einem Team junger und exzellenter Kollegen über das Klima.

Die Fakten, die er auf fast jeder Seite zitiert, sind ernüchternd: Gegen Ende dieses Jahrhunderts werden mindestens zehn Milliarden Menschen auf dieser Erde leben. Ein Planet mit zehn Milliarden Menschen wird der reinste Albtraum sein: Der wachsende Energiebedarf und die zur Verfügung stehenden Ernährungsressourcen werden diesen Anstieg der Bevölkerung jedoch konterkarieren. Es drohen globale Klima- und Hungerkatastrophen.

Emmott sieht zwei Möglichkeiten: „Wir können versuchen, uns aus dem Schlamassel herauszutechnologisieren oder wir ändern unser Verhalten, und zwar radikal." Diejenigen, die auf die Strategie der „Rettung durch Technologie" setzen, bezeichnet Emmott als „rationale Optimisten". Ihre alternativen oder kumulativen Lösungen lauten: Grüne Energie, Kernkraft, Entsalzung, Geoengineering und eine zweite Grüne Revolution. Vier von ihnen erweisen sich für Emmott als unrealistisch, weil sie entweder zu lange brauchen oder zu große finanzielle Ressourcen binden.

Die vor allem aus deutscher Perspektive verblüffende Antwort auf unser Energieproblem zumindest für die nächsten Jahrzehnte sieht Emmott in der Kernkraft. Um sie als Lösung auch gleich wieder zu verwerfen. Das sofortige notwendige gigantische Programm zur nuklearen Energieerzeugung fällt aus.

Radikaler Konsumverzicht ist keine Antwort

Wenn uns keine Technologie rettet, sollten wir, so Emmott, die Haltung eines „rationalen Pessimisten" einnehmen: „Wir müssen unser Verhalten ändern, und zwar radikal." Die einzige Alternative, die am Ende übrig bleibt, ist radikaler Konsumverzicht und ein sparsamer Umgang mit Ressourcen. Von der Politik erwartet Emmott keine Unterstützung. Würden Politiker die notwendigen Entscheidungen treffen, wären sie sehr schnell unbeliebt. Eine soziale Bewegung zur Verhaltensänderung sieht auch Emmott nicht.

Am Ende verfällt er in Ratlosigkeit und Resignation: „Ich glaube, wir sind nicht mehr zu retten." Seine Strategie der Aporie ist beabsichtigt. Der Verkauf des Buches soll durch eine Verunsicherung der Leser gefördert werden. Emmott sieht sich nicht als Vordenker einer neuen Öko-Bewegung, sondern als deren *agent provocateur*. Eine erstaunliche, beinahe sympathische Haltung: Ein Wissenschaftler, der hofft, dass er sich irrt. In Deutschland ist diese Gattung längst ausgestorben. An ihre Stelle sind – fast ausschließlich deutsche – Wissenschaftler getreten, die sich als Weltretter gerieren und um Klimawandel und Energie eine neue Religion spinnen.

Die neue Sehnsucht nach dem einfachen Leben und dem Verzicht entpuppt sich am Ende als eine Ideologie des Verzichtswahns, welche die Menschen gegeneinander aufhetzt. Wer nur Pflanzen isst, verachtet den, der Fleisch konsumiert. Wer Fahrrad fährt, verachtet den, der mit dem Auto zur Arbeit fährt. Wer nicht fliegt, den, der seinen Urlaub in Übersee bucht. Am Ende entsteht eine Gesellschaft des schlechten Gewissens, die jede Verfehlung moralisch auflädt. Dabei ist das Recht auf ein gutes Leben zunächst ein individuelles und nicht von der Mehrheit der Bürger aufzwingbares. Zudem wälzen die Vertreter des Verzichts Probleme, mit denen der

Staat aus ihrer Sicht nicht fertig wird, auf den Einzelnen ab. Der Schutz der Umwelt ist aber eine politische Aufgabe und keine individuelle.

Wir leben in einer unlimitierten Welt

40 Jahre nach dem Bericht des Club of Rome „Die Grenzen des Wachstums" wird vor allem in Deutschland eine intensive Debatte über die Frage, ob und wie viel Wachstum im Hinblick auf die Krisen unserer Zeit akzeptabel ist, geführt. Der damals aufwendig erstellte Bericht untersuchte die globalen Auswirkungen von Industrialisierung, Bevölkerungswachstum, Unterernährung und Umweltzerstörung. Wenn nichts geschieht, würde – so die zentrale Prognose des Berichts – ab dem Jahr 2030 der Kollaps der Weltwirtschaft eintreten. Die Endlichkeit der Ressourcen führe zu einer Endlichkeit des Wachstums.

Der Kollaps ist ausgeblieben. Das Gegenteil ist eingetreten. Für rund 80 Prozent der Menschen haben sich die Lebensbedingungen in den letzten 20 Jahren verbessert, so eine Studie der Weltbank aus dem Jahr 2013. Nur vier Prozent haben von Globalisierung und Wachstum nicht profitiert, sondern sind zurückgefallen. Allein in China ist die extreme Armut von 85 Prozent auf 13 Prozent gesunken. 1981 galt über die Hälfte der Bevölkerung in den Entwicklungsländern als sehr arm, 2010 waren es nur noch 21 Prozent.

Der positive Trend gilt selbst für ein Land wie Bangladesch, lange Zeit ein Synonym für Armut, Klimazerstörung und Überbevölkerung. In keinem Land der Welt leben so viele Menschen so dicht zusammen wie dort. Das Bruttoinlandsprodukt von Bangladesch hat sich seit 1974 versiebenfacht. Die Lebenserwartung ist von 36 Jahren auf 69 Jahre gestiegen und das Wirtschaftswachstum betrug in den letzten zehn Jahren durchschnittlich sechs Prozent im Jahr.

Das Weltsozialprodukt wird sich in den kommenden 25 Jahren verdoppeln, die Armut wird sich halbieren. Dafür sorgen Milliarden Menschen, die ihren Lebensstandard verbessern wollen. Heute verlieren die Menschen weltweit mehr Lebensjahre durch Übergewicht als durch Hunger, so die Weltgesundheitsorganisation.

Der durchschnittliche Weltbewohner gewinnt seit 1970 in jedem Jahr vier Monate hinzu, bis heute sind dies insgesamt 13 gewonnene Jahre. Jeder Tag hätte danach 30 Stunden. Deutschland gehört zu den großen Gewinnern dieses globalen Fortschritts. Vielen bereitet dies offenbar ein schlechtes Gewissen. Warum?

Der Wachstumskritiker ist ein Meister aus Deutschland

Die Studie des Club of Rome „Grenzen des Wachstums" stieß in Deutschland auf ein großes Echo. Nach der Wachstums- und Fortschrittseuphorie der fünfziger und sechziger Jahre stellte vor allem die Studentenbewegung, die Generation der Babyboomer, das marktwirtschaftliche Wohlstandsmodell radikal in Frage.

Der Kapitalismus führe zu Armut und Umweltzerstörung in der Dritten Welt. Die in dieser Zeit sozialisierte Öko- und Friedensbewegung der achtziger Jahre entwickelte die Theorie weiter und sah eine zentrale Antwort im „Degrowth", der vollständigen Änderung der Wirtschaftsweise durch stationäres Wachstum. Für die damalige Umwelt- und Friedensbewegung war die Studie der wissenschaftliche Beleg für den nahen Untergang der Welt. Das Buch wurde zur Bibel.

Zu den prominentesten Wachstumskritikern gehört heute der Sozialpsychologe Harald Welzer. In seinem Pamphlet „Selbst denken. Eine Anleitung zum Widerstand" bietet er das radikale Gegenmodell zur real existierenden globalen Marktwirtschaft. Eine Gemeinwohlökonomie, die auf Kultivierung statt Wachstum und auf Glück statt Konsum setzt. Dem herrschenden „TINA-Prinzip" (there is no alternative) setzt Welzer sein Diktum von den eigenen Handlungsspielräumen und ein Plädoyer für eine moralische Ökonomie und Intelligenz entgegen. Intelligenz sei vor allem eine moralische Kategorie zitiert er Theodor W. Adorno. Moral statt (Macht-)Politik. Die deutschen Parteien schreibt Welzer im Widerstand gegen den globalen Kapitalismus ab. Er setzt stattdessen auf eine radikale Veränderung einiger Weniger („Drei bis fünf Prozent"). „Der Versuch den Himmel auf Erden einzurichten, erzeugt stets die Hölle", schrieb der kritische Rationalist Karl Popper und warnte 1945 in seiner Schrift „Die offene Gesellschaft und ihre Feinde" vor alten und neuen Utopien. Wer sich einem Guru und seiner neuen Widerstandsbewegung anschließen will, ist bei Welzer gut aufgehoben.

Oder bei Meinhard Miegel. „Was kann und soll denn in Ländern wie Deutschland, den USA oder Japan wachsen, ohne dass das globale Ökosystem weiter beeinträchtigt und Ressourcen ohne Aussicht auf Ersatz final verbraucht werden?" fragt der Gründer des „DenkwerkZukunft" in seinem neuen Buch „Hybris. Die überforderte Gesellschaft". Miegel ist ein Zukunftspessimist und Paternalist. Die Deutschen beschreibt er in seinen Büchern entweder als „Wirklichkeitsverweigerer", „deformiert" oder „überfordert".

Solche Fundamentaldiagnosen sollen den Ruf nach dem Oberarzt mit seiner bitteren, aber heilenden Arznei lauter werden lassen. Eine ähnliche Strategie wie bei Welzer, nur trägt sie Miegel retro-konservativ vor: „Krisen, Krisen und kein Ende... Jetzt ist es so weit. Die gigantischen Türme von Babel wanken. Sie überfordern menschliche Gestaltungsmöglichkeiten." Eine derartige Untergangs-Suada kennt der Leser sonst nur aus der biblischen Apokalypse und ihren Predigern: „Kehret um, Ihr Sündiger! Der Herr ist nah, Eure Zeit ist gekommen."

Willkommen im Neo-Biedermeier! „Wachstum ist böse", schreien Welzer, Miegel und Anhänger. Wo der Wohlstand derart hoch ist wie in Deutschland, kann man es sich leisten, Wachstum und Wohlstand grundsätzlich in Frage zu stellen. Links-grüne Anhänger unterstützen rechtskonservative Anliegen und umgekehrt. Beide wollen alles möglichst so lassen, wie es ist. Wenn es nach ihnen ginge, müsste man das Wachstum der Bevölkerung radikal beschränken, weil die Natur ein unbegrenztes Wachstum der Bevölkerung nicht bewältigen könne.

Die alte Umweltbewegung ist gescheitert

Die Furcht und Angstmache um die Endlichkeit der Ressourcen und den drohenden Untergang der Menschheit, welche die Umweltbewegung seit den siebziger Jahren auf ihre Fahnen geschrieben hat, provozierte aber eine Gegenbewegung, die zwar auf Wachstum setzt, den Begriff aber um die Dimension der Nachhaltigkeit und technologischen Innovation erweitert hat.

Das beste Beispiel ist die Frage, wann uns das Öl ausgeht. Die Ölkrise wird immer schlimmer? Umso besser! Je teurer die Förderung von Öl, desto mehr lohnen sich effiziente Förder- und Verbrauchsmethoden. Dank der neuen Fracking-Methode ist es den USA beispielsweise im letzten Jahr gelungen, vom Gas- und Öl-Importeur zum Exporteur zu werden und (!) den Ausstoß an CO_2 zu reduzieren. Die weltweit geschätzen Erdgasreserven haben sich durch die neuen Fördermethoden nach Berechnungen der US-Administration um ein Drittel erhöht.

Die alte deutsche Umweltbewegung ist vor allem gescheitert, weil sie auf die Strategie der Verbote, des Verzichts und auf Verdruss gesetzt hat. Und sie hat die Natur romantisiert. „Mutter Erde", so die Erzählung, ist durch den Fortschritt und den Menschen misshandelt worden. Entsprechend sind ihre Begriffe negativ und abschreckend: „Nullemission, Passivhaus, Abfallvermeidung". Die naheliegende Schlussfolgerung: Am besten gäbe es den Menschen nicht.

Wider die Logik der Knappheit

Wie die Autoren des Club of Rome in den siebziger Jahren unterschätzen die heutigen Verzichtsapologeten die Verfügbarkeit der Ressourcen und Rohstoffe. Nicht der Mangel an Erzen, Kohle, Öl und Gas ist heute das Problem, sondern ihre vorhandenen Mengen. Linke und rechte Wachstumskritiker und Umweltalarmisten haben ein linearistisches Weltmodell. Ein Modell, das ständig Angst produziert und uns immer wieder in dieselben Fallen stolpern lässt. Beide vereint ein reaktionärer Kulturpessimismus. Seine Logik: Da alles knapp ist, müssen wir immer sparsamer damit umgehen. Diese Logik führt uns in die Irre. Ihr Fehler liegt im Denken in geschlossenen Systemen.

Wir sollten über Ökologie nicht in Kategorien der Knappheit nachdenken, sondern in Parametern der Fülle, schreibt der Zukunftsforscher Matthias Horx in seinem neuen Buch „Zukunft wagen". Das Energieproblem entpuppt sich in Wirklichkeit als „Kohlenstoff-Management-Problem". Wenn sich Kohlenstoff so managen lässt, dass er nützlich wird – das heißt: nicht in die Atmosphäre gelangt oder in Ozeanen gelöst wird – kann man mit Kohlenstoff auch verschwenderisch umgehen. Statt eine Knappheitslogik zu verfolgen, sollten wir besser auf „dynamische Kreislaufsysteme der Fülle" setzen, auf die grüne Revolution. Wir stehen kurz vor einer absoluten Entkopplung von Wachstum, Ressourcenverbrauch und Umweltverschmutzung.

Wir brauchen eine neue Umweltmoral

Die Welt lässt sich nicht mit elitärer Moral und radikalem Widerstand retten. Die Antwort auf die anhaltende Krise des Kapitalismus ist eine neue Wachstumspolitik. Nicht in ihrem Ende, sondern in einer Erneuerung der Industriegesellschaft sieht der Vordenker der Grünen Ralf Fücks die Lösung. Veränderung statt Verzicht und grünes statt gar kein Wachstum stellt er den Wachstumsgegnern entgegen, die er als „heroische Verweigerer" bezeichnet. Sein Hauptvorwurf: „Realitätsflucht". Wachstum wird künftig aus einer neuen Mischung von Ökonomie, Ökologie und gesellschaftlichem Engagement generiert. Es wird eine neue Moral entstehen, die nicht nur die klassischen „grünen" Themen umfasst, sondern auch die sozial-ökologischen Folgen unseres Handelns: Einst rein moralische, soziale und ökologische Fragen ökonomisieren sich.

Während weltweit Milliarden Menschen in Afrika, Asien und Lateinamerika auf dem Weg in die industrielle Moderne sind, macht sich nach Fücks in Deutschland eine neue Endzeitstimmung breit. Die „Armen und Entrechteten" der Dritten Welt wollen nicht auf das Ende des Wachstums der Ersten und Zweiten Welt warten, sondern fordern ihren Teil des wachsenden Kuchens. Die Alternative zu einem zerstörerischen, ressourcenfressenden Wachstum liegt in der Entkopplung von Wachstum und Ressourcenverbrauch. Der dritte Weg ist die Verbindung von Ökonomie und Ökologie, von nachhaltigem Wohlstand durch intelligentes Wachstum.

Wo Welzer einem radikalen Postmaterialismus frönt, polemisiert Fücks gegen „heroische Verweigerer", deren „scheinradikaler Konsumverzicht" geradewegs in die Ökodiktatur führe. Die Provokation ist Absicht. Die Frage, welcher Weg in das grüne Reich der Freiheit führt, spaltet die grüne Partei. Fücks will sie mit seinem Buch zu einer klaren Antwort bringen. Wer alles auf einmal wolle, erreiche am Ende nichts. Damit ist er ganz bei Poppers „social engineering", einer Politik der kleinen Schritte. Die Welt steht heute ökonomisch und ökologisch tatsächlich besser da als 1972. In wenigen Jahren werden aufstrebende Länder in Afrika EU-Mitgliedsländer wie Portugal und Griechenland überholt haben. China kündigt ein Ende des „Mega-Wachstums" an und investiert Milliarden Euro in Umweltschutz und grüne Technologien.

Die Erde retten und den Klimakollaps vermeiden werden wir nicht durch einen staatlich verordneten Verzicht. Vor Jahren hat bereits der damalige Berliner Finanzsenator Thilo Sarrazin den Mietern empfohlen, ihre Heizungen im Winter runter zu schalten und stattdessen einen warmen Pullover zu tragen. Die Idee wurde bald 10 Jahre später von der neuen Bundesumweltministerin (SPD) wieder aufgegriffen. Was sollen dazu die Bewohner in Grönland, Norwegen oder in Russland sagen? Sie werden sich vor lauter Pullovern kaum noch fortbewegen können.

Die Frage, wie wir die Umwelt schützen und das Überleben der Menschheit schaffen, ist in Deutschland längst zur Glaubensfrage geworden, die einem neuen Kulturkampf gleicht. Wie organisieren wir den nötigen Wandel hin zu einer Ressourcen schonenden Wirtschaft, durch mehr Planwirtschaft und Bürokratie oder durch Innovationen und Wettbewerb?

Verhaltensänderungen sind schwerer zu erreichen als technologische Innovationen. Interessant ist beispielsweise Geo-Engineering oder Climate Engineering. Hier werden groß angelegte manipulative und gezielte Eingriffe in das Klimasystem mit technischen Maßnahmen umgesetzt. Der Meteorologe und Nobelpreisträger Paul Crutzen sieht diese Technologie als letzte Möglichkeit im Kampf gegen den Klimawandel. Er hatte bereits vor Jahren vorgeschlagen, Schwefel oder Schwefelwasserstoff in die Atmosphäre zu bringen, damit die Teilchen die Sonnenstrahlen reflektieren und den Treibhauseffekt bremsen. Für Forscher wie Crutzen steht fest, dass ein Notfallplan für den Fall des klimatischen Supergaus vorhanden sein müsse. Man dürfe sich nicht darauf verlassen, dass die globalen CO_2-Emissionen in den nächsten Jahrzehnten halbiert werden können.

Eine zweite Grüne Revolution

Im Jahr 2030 werden voraussichtlich mehr als acht Milliarden Menschen auf der Erde leben, allein fünf Milliarden davon in Städten. Sie werden die gleichen Lebensstandards wie die Menschen in den westlichen Industrieländern anstreben. Mehr Menschen lassen den Verbrauch von Energie weiter steigen.

Der globale Energieverbrauch wird nach Schätzungen der OECD in den kommenden 20 Jahren um voraussichtlich 39 Prozent wachsen. In den Nicht-OECD-Ländern wird der Verbrauch im gleichen Zeitraum sogar um 68 Prozent höher liegen. Wir können das Streben nach westlichen Lebensstandards in den Entwicklungs- und Schwellenländern und das Ziel der Verringerung negativer Umwelteinflüsse in ein Gleichgewicht bringen, wenn uns eine Effizienzrevolution gelingt. Ihr Grundsatz lautet: Für die Umwelt ist es am besten, wenn Kohlendioxid erst gar nicht entsteht!

Deutschland kann sich als Vorreiter von globalen Innovationsprozessen etablieren und auf diese Weise seine Stellung im Wettbewerb der Hochtechnologieländer behaupten und sogar ausbauen.

Die Chance des Landes besteht vor allem darin, eine weltweit führende Rolle bei der Entwicklung und der Produktion von Zukunfts- und Überlebenstechnologien einzunehmen.

Die Entkopplung von Produktion und Energieverbrauch ist dabei die entscheidende Zukunftsaufgabe, ökonomisch, ökologisch und sozial. Ökonomisch, weil Kosteneffizienz ein zentrales Ziel für die Wettbewerbsfähigkeit eines Unternehmens und einer Volkswirtschaft ist. Ökologisch, weil die mit dem Energieverbrauch ansteigenden CO_2-Emissionen die Umwelt negativ beeinflussen und sozial, weil sich hohe Energiepreise nur wenige Verbraucher leisten können. Die Politik will aus diesen Gründen die CO_2-Emissionen in Deutschland analog zu den europäischen Bemühungen bis 2050 um 80 Prozent im Vergleich zu 1990 reduzieren.

Es gilt, das Leben der Menschen zu verbessern und das Überleben der Menschheit zu sichern. Die nächste industrielle Revolution wird Technologien entwickeln, die das Leben der Menschen in einer „Gesellschaft des langen Lebens" verbessern und das Überleben der Menschheit sichern. Dabei müssen die wirtschaftliche Entwicklung und die Perspektive eines guten Lebens für möglichst alle Menschen Hand in Hand gehen. Das bedeutet, die

Wirtschaft nicht losgelöst von der Gesellschaft zu sehen, sondern ihre Entwicklung einzubetten in gesellschaftliche und ökologische Zusammenhänge. So wie wir in der Vergangenheit erfolgreich waren in der Gewinnung von Energie aus den Tiefen der Erde, so können und müssen wir in Zukunft erfolgreich sein, ja zu einem Vorreiter in Deutschland und Europa werden bei der Entwicklung und Nutzung neuer globaler Überlebenstechnologien, und dies in einer offenen Welt ohne Grenzen.

Die Kreativität der Menschen, gepaart mit den neuesten Technologien, ist die Grundlage für eine gute Entwicklung. Das war so in der Vergangenheit, als es darum ging, Bodenschätze aus dem Boden zu heben und zu verarbeiten. Das wird so sein in der Zukunft, wenn es darum geht, mit den Ressourcen möglichst effektiv und zugleich schonend umzugehen und mit neuen Technologien an den Zukunftsfragen der Menschheit zu arbeiten. Für Deutschland liegt darin die große Chance, zum Leitmarkt für Überlebenstechnologien zu werden.

Überlebenstechnologien sind im wörtlichen Sinn Technologien, die zum „Überleben" der Menschen beitragen: in ihrem persönlichen Leben, wenn wir an die bisher unbesiegbaren Krankheiten wie

Krebs, Diabetes, Alzheimer oder Aids denken, aber auch zum Überleben des Planeten, etwa durch den Schutz des Klimas und der Natur, die Ermöglichung ausreichender und gesunder Ernährung für alle oder durch zukunftsfähige Antworten auf Fragen der Mobilität oder der Kreislaufwirtschaft.

Schon jetzt werden wir im Ausland beneidet, was den Klimaschutz und die Umwelttechnik anbelangt. China baut beispielsweise auf Unternehmen aus unserem Land, wenn es um Umweltschutz, Bergbausicherheit oder auch um Wasseraufbereitung geht. Unsere Lösungen sind weltweit nachgefragt. Der Weltmarktanteil der deutschen Umweltindustrie liegt bei mehr als 15 Prozent.

Die neue Agrarwende: Brot und Benzin für alle!

Können wir sieben, bald neun Milliarden Menschen ernähren? Ja, das können wir. Wir werden den Hunger jedoch nicht besiegen, indem wir zur präindustriellen, präkommerziellen Landwirtschaft zurückkehren. Wir können weniger Energie verbrauchen und dennoch einen hohen Lebensstandard haben. So verbrauchen die Europäer heute pro Kopf nur die Hälfte der Energie, die Amerika verbraucht.

Die Themen Ernährung und Landwirtschaft gehören zu den wichtigsten Megatrends der Zukunft. Immer mehr Menschen müssen auf der Basis immer knapper werdender Anbauflächen versorgt werden. Die Weltbevölkerung wird in diesem Jahrhundert weiter wachsen. Weltweit leiden heute fast eine Milliarde Menschen an den Folgen des Hungers. Wir sind zwar auf einem guten Weg zur besseren Ernährung der Menschheit; politische und soziale Unsicherheiten und Risiken stellen jedoch Hürden im Kampf gegen den Hunger dar.

Um in Zukunft mehr Menschen zu ernähren, wird es vor allem auf eine Steigerung der Erträge in der Landwirtschaft ankommen. Die Landwirtschaft wird in Zukunft 70 Prozent mehr Kalorien produzieren müssen, um dann neun Milliarden Menschen ernähren zu können. Die Ernährungslücke kann nur geschlossen werden, wenn die Landwirtschaft noch produktiver wird. Düngemittel und Salze können dabei einen entscheidenden Beitrag leisten, da die von den Pflanzen benötigten Nährstoffe und Spurenelemente oft nicht im Boden vorhanden sind.

Bei der Entwicklung innovativer Produkte ist die deutsche Industrie führend. Die Alternativen biologische ODER industrielle Landwirtschaft,

Mensch ODER Natur, Kleinbauern ODER Konzerne, Verzicht ODER Konsum, Lebensqualität ODER Wachstum sind Scheinalternativen. Um die Menschheit zu ernähren, müssen wir die Welt nicht zerstören. Landwirtschaft bedeutet nicht zwingend weniger Qualität und Umwelt.

Wir haben es in der Macht, den Hunger zu besiegen und das Angebot an Lebensmitteln zu erhöhen. Dazu werden wir uns allerdings von zwei romantischen Mythen verabschieden müssen, die der Entwicklungsökonom Sir Paul Collier in seinem Bestseller „Der hungrige Planet" beschreibt. Der erste Mythos betrifft die Liebe der westlichen Mittelschichten mit der kleinbäuerlichen Landwirtschaft.

Ökologische Landwirtschaft ist aber keine Antwort auf die globale Armut, sondern ein Luxus-Lifestyle, schreibt Collier. Das Ideal der regionalen Selbstversorgung trägt wenig zur CO_2-Reduzierung bei. Im Hinblick auf den Klimaschutz ist es sinnvoller, Lebensmittel im günstigsten Klima anzubauen und dann zu transportieren, da die größten Emissionen beim Anbau entstehen und nicht beim Transport. Brasilien hat es beispielsweise geschafft, mit großen, technisch fortgeschrittenen Agrarfirmen Lebensmittel in großen Mengen zu produzieren.

Der zweite Mythos betrifft das Verbot gentechnisch veränderter Lebensmittel. Obwohl sich eine Gesundheitsgefährdung bis heute nicht nachweisen lässt, ist Gentechnik für die Mehrheit der gesundheitsbewussten Konsumenten in Europa ein Horrorprodukt. Die kampagnenfähige europäische Linke, die auf Protektionismus und Anti-Amerikanismus setzt, hat leichtes Spiel mit den Ängsten der Verbraucher.

Ein Verbot gentechnisch veränderter Lebensmittel hat fatale Folgen für an Hunger und Unterernährung leidende Menschen. Hunterttausende Kinder leiden beispielsweise an einem Mangel an Vitamin A. Kinder, die über Nahrung zuwenig Vitamin A bekommen, erblinden und sterben oft. Traditionelle Nahrungsmittel wie Reis oder Bananen enthalten zu wenig Vitamin A. Nach Angaben der Weltgesundheitsorganisation leiden weltweit 250 Millionen Vorschulkinder unter Vitamin-A-Mangel. 25.000 bis 500.00 Kinder erblinden jedes Jahr, die Hälfte von ihnen stirbt innerhalb eines Jahres nach der Erblindung.

Afrika braucht die Grüne Revolution. Ohne sie wird es unmöglich sein, Afrikas Lebensmittelproduktion mit seiner Bevölkerung Schritt halten zu lassen. Der „goldene Reis" wurde beispielsweise von deutschen Biologen gezüchtet und enthält mehr Vitamin A als herkömmlicher Reis. Einen innovativen Weg geht auch die Bill und Melinda Gates Stiftung. Die Stiftung will die Mangel- und Unterernährung in Afrika durch genbehandelte Bananen, Getreide und Kartoffeln mittels Biofortifikation bekämpfen. Biofortifikation gilt als eine nachhaltige und erschwingliche Lösung speziell für Landbewohner, die sich hauptsächlich von nicht verarbeiteten Erzeugnissen ernähren. Die Verfechter einer neuen und sanften Grünen Revolution arbeiten parallel an nahrhaften Getreide- und Gemüsesorten. Bis 2030 sollen eine Milliarde Menschen von bioverstärktem Getreide profitieren.

Greenpeace und andere Umweltverbände sehen in diesen Innovationen ein trojanisches Pferd, das die öffentliche Akzeptanz der grünen Gentechnik ermöglichen soll. Obwohl der goldene Reis nicht von einem kommerziellen Saatgutunternehen entwickelt wurde, bekämpfen sie ihn. Die deutsche Angst vor Gentechnik ist ein Exportschlager. Das Misstrauen wächst weltweit, auch in Afrika. Dabei sind die schädlichen Folgen gentechnisch veränderter Pflanzen und Nahrungsmittel für Umwelt und Gesundheit bislang nicht nachgewiesen. Sie sind nicht riskanter als konventionelle.

Am Welthunger und dem millionenfachen Leid sind die Umweltaktivisten die eigentlichen Schuldigen. Sie sind gefährliche Romantiker. Europa, das Gentechnik ablehnt, ist mitverantwortlich für die Hungersnot in Afrika und den Tod Hunderttausender Kinder. Biologische Landwirtschaft ist etwas für Romantiker und trägt nichts zur Rettung der Welt bei. Industrielle Landwirtschaft ist vielleicht unromantisch, führt aber zu vollen Mägen.

Die Postbabyboomer stehen Technologien wie der grünen Gentechnik und der Biotechnologie positiver gegenüber. Sie setzen auf die Prinzipien und Instrumente des Marktkapitalismus. Moralisierende Rezepte des Verzichts, Forderungen nach Verlangsamung des Wachstums und Verbots von Technologien erscheinen für sie im positiven Sinn als romantisch-liebenswürdig, ansonsten jedoch als vollständig unrealistisch und überholt. Mit dem Postulat einer ökologischen Pflichtethik können sie nichts mehr anfangen.

Die Zukunft der Städte: smart and green

Die Zukunft entscheidet sich in den Städten. Wohnten zu Beginn des 20. Jahrhunderts 10 Prozent der Menschen in Städten, werden es 2030 nach Schätzungen der Vereinten Nationen schon knapp 60 Prozent sein. 90 Prozent des Bevölkerungswachstums findet in den Städten statt. Immer mehr Megacities entstehen, Städte mit mehr als 10 Millionen Einwohnern. In China entsteht jeden Monat eine Millionenstadt. 2030 dürften etwa 70 Prozent der Chinesen in Städten leben, das sind rund eine Milliarde.

Städte sind die Katalysatoren der wirtschaftlichen Leistungskraft in einem wachsenden internationalen Wettbewerb. So erbringt der Großraum Tokyo mit ca. 27 Prozent der Einwohner Japans ca. 40 Prozent der Wirtschaftskraft des Landes. In Paris erwirtschaften 16 Prozent der Einwohner Frankreichs einen Anteil von 30 Prozent am Bruttoinlandsprodukt des Landes. Städte stehen regional oder international im Wettbewerb um Investments und die besten Köpfe; sie bilden die „Speerspitze" ihrer Länder.

Die Urbanisierung spielt bei der Neuausrichtung der Ökonomie hin zu mehr Nachhaltigkeit und Effizienz eine Schlüsselrolle. 80 Prozent der Treibhausgase werden von den Städten verursacht. Nach den traditionellen Konzepten und Meinungen bedeuten Städte mehr Abfall, mehr Lärm, mehr Abgase. Die größten Energieverschwender und Produzenten von CO_2 sind dabei alte Gebäude.

Altbauten verursachen mehr als 95 Prozent des Energieverbrauchs von Gebäuden. Große Städte sind nicht nur schneller und produktiver, sie sind auch grüner. Sie können die bestehende Infrastruktur besser und effizienter nutzen, von Gebäuden über Büros bis hin zum Nahverkehr und Versorgungsleitungen. Sie verbrauchen pro Kopf weniger Energie.

Die Stadt der Zukunft wird intelligenter, energieeffizienter und vernetzter sein müssen. Dies setzt insbesondere eine Neuausrichtung der Lebensbereiche voraus. Wohnen und Arbeiten sind bislang im modernen Stadtbild getrennt. Neue Urbanität verlangt aber nach räumlicher Nähe. Leben und Arbeiten wird in Zukunft mehr zusammenrücken. Im Mittelpunkt der Stadt von morgen wird der Mensch stehen und nicht das Auto. Ein Trend von dem auch Deutschland profitieren wird. Nachhaltige Stadtentwicklung ist in. Billionen von Dollar werden in den kommenden Jahrzehnten in urbane Infastruktur investiert werden.

Die deutsche Energiewende als Vorbild

Die Energierevolution ist in vollem Gang. Viele Regionen kommen dem Ziel, ihren Strombedarf vollständig aus umweltfreundlichen Quellen zu beziehen, immer näher. In fünf Bundesländern liegt der Anteil der Erneuerbaren über 35 Prozent. Vorreiter ist Mecklenburg-Vorpommern mit 85, gefolgt von Schleswig-Holstein und Brandenburg mit jeweils rund 75 Prozent. Den Ausbau der Erneuerbaren haben vor allem die Verbraucher und Privathaushalte bezahlt, aber sie haben ihn bekanntlich nach der Atom-Katastrophe von Fukushima auch gewollt und bestellt. Bis 2050 soll der Strom zu 80 Prozent erneuerbar sein.

Der beste Strom ist jedoch der, der erst gar nicht verbraucht wird. Europa wird auch den Energieverbrauch senken und mehr auf Energieeffizienz setzen müssen. Die bisherigen Instrumente zur Steigerung des Einsatzes erneuerbarer Energien und der Energieeffizienz waren zu wenig darauf ausgerichtet, Maßnahmen mit den geringsten CO_2-Vermeidungskosten und damit geringsten Kostenbelastungen zu fördern. Ausgerechnet Maßnahmen mit den höchsten CO_2-Vermeidungskosten, wie zum Beispiel die Stromerzeugung in Photovoltaikanlagen und Windkonvertern, wurden zurzeit mit rund 20 Milliarden Euro jährlich gefördert, während gleichzeitig Fördermittel zur Steigerung der Energieeffizienz im Gebäudesektor drastisch reduziert wurden. Denn mit der energetischen Gebäudesanierung könnten die Deutschen bis zum Jahre 2020 insgesamt mindestens 50 Milliarden Euro Heizkosten sparen.

Wir brauchen einen Aktionsplan, der beide Seiten, die Energieerzeuger wie die Energieverbraucher, berücksichtigt und in die Pflicht nimmt. Unternehmen, öffentliche Hand und Verbraucher müssen gemeinsam für mehr Energieeffizienz motiviert werden. Eine Kampagne könnte die nationale Herausforderung erlebbar und Energieeffizienz zu einer Bewegung machen. Die Welt erwartet von Deutschland ein Gelingen der Energiewende. Machen wir „green tec made in Germany" zu einem Erfolgsprodukt und Exportschlager! Mehr Energieeffizienz lohnt sich, sozial, ökologisch und ökonomisch. Von der Energiewende profitieren alle: Unternehmen, Verbraucher und kommende Generationen.

Politik der Nicht-Nachhaltigkeit

Der langfristige Umstieg auf erneuerbare Energien bietet für Deutschland die historische Chance, zum Vorreiter der Grünen Revolution zu werden. Diese Revolution hat jedoch mit der traditionellen Politik der Nachhaltigkeit wenig zu tun. Sie ist vielmehr der Beginn einer neuen Politik der Anpassung (oder Nicht-Nachhaltigkeit).

In ihrem Zentrum steht nicht die Frage, wie sich individuelle Werte oder Verhaltensweisen, gesellschaftliche Strukturen und politische Institutionen verändern lassen, dass sie sozial und ökologisch nachhaltig werden. Der „Politik der Nicht-Nachhaltigkeit" (Ingolfur Blühdorn) geht es vielmehr um die Frage, wie die Folgen der anhaltenden Nicht-Nachhaltigkeit beherrscht werden können. Die Politik der Anpassung ist keine gescheiterte Politik der Nachhaltigkeit, sondern eine Politik, die sich offensiv mit dem als unvermeidlich angesehenen Wandel des Klimas befasst.

Neo-Ökologie: die Agenda

1. **Jenseits von Angst und Alarmismus.** *Eine neue Umweltbewegung denkt Ökologie, Wissenschaft und Ökonomie zusammen und spielt sie nicht gegeneinander aus.*
2. **Veränderung statt Verzicht!** *Konsum- und Kapitalismuskritik bringen uns nicht weiter. „Nachhaltiges Wachstum durch intelligente Technologien" ist die Antwort auf die heutige ökologische und soziale Frage.*
3. **Wachstum kennt keine Grenzen.** *Die Kritiker und Kulturpessimisten irren: Wir leben in einer unlimitierten Welt. Es gibt keinen Mangel an Rohstoffen.*
4. **Nichtstun ist keine Option.** *Verhaltensänderungen sind wichtig, politisch aber schwer umzusetzen. Ultima ratio im Kampf gegen den Klimawandel sind Technologien wie Geo-Engineering.*
5. **Die öko-industrielle Revolution.** *Wir können Wachstum, Ressourcenverbrauch und Umweltverschmutzung entkoppeln und 10 Milliarden Menschen ernähren. Dafür brauchen wir die industrielle Landwirtschaft ebenso wie die grüne Gentechnik.*
6. **Vorrang für Energieeffizienz!** *Der beste Strom ist der, der erst gar nicht entsteht. Neben dem Verkehr kann insbesondere der Gebäudesektor*

zu geringerem CO_2-Verbrauch und Energiesparen beitragen.

7. **Smart Cities.** *Die ökologische Frage entscheidet sich in den Städten. Arbeiten und Wohnen wird zusammenrücken. Im Mittelpunkt der modernen Stadt steht nicht das Auto, sondern der Mensch.*
8. **Das Energieproblem ist ein Kohlenstoffmanagement-Problem.** *Wenn sich Kohlenstoff so managen lässt, dass er nützlich wird, kann man mit ihm auch verschwenderisch umgehen.*
9. **Rettung durch Überlebenstechnologien.** *Überlebenstechnologien sind im wörtlichen Sinn Technologien, die zum „Überleben" der Menschen beitragen: Medizin, Pharma, Energie, Chemie.*
10. **Die deutsche Energiewende als Vorbild.** *Deutschland kann mit seinem Ausstieg aus der Atomenergie und dem Umstieg auf Erneuerbare Energien Vorreiter einer neuen industriellen Revolution werden. „Green tec made in Germany" wird zum Exportschlager.*

7 Neo-Sicherheit: Deutsche Verantwortung out of area

„Gemeinsam erinnern wir an diesem Tag an die Männer und Frauen, Soldaten, Widerstandskämpfer und Zivilisten, die durch ihren Mut und ihre Opferbereitschaft den D-Day zu einem Sieg der Freiheit gemacht haben."

François Hollande, Staatspräsident Frankreichs

Ohne Sicherheit keine Freiheit. Freiheit und Sicherheit sind im 21. Jahrhundert auf neue Weise bedroht. Deutschland ist Teil eines westlichen Bedrohungsraumes geworden. Der Iran rüstet zur neuen Atommacht auf. Wohin sich Russland und andere autoritäre Staaten entwickeln, ist höchst ungewiss. Der internationale Terror und Fundamentalismus wird wieder stärker. Wer Frieden und Freiheit in Zukunft bewahren will, muss auf Kriege außerhalb Europas vorbereitet sein. Deutschland wird mehr Verantwortung übernehmen müssen. Nicht nur militärisch. Aber auch.

Als ich zur Schule ging, war Krieg. Er war weit weg und doch täglich spürbar. Wer wie wir in den achtziger Jahren im „Ostblock" Urlaub machte, merkte schnell, dass „etwas" nicht stimmte. Überall Grenzen, Stacheldrahtzäune und stundenlange

Kontrollen. All das war Ausdruck eines Systems der Angst und der Unfreiheit. Viele meiner Schulfreunde und Spielgefährten kannten den Osten Europas nur aus den Medien. Für sie waren Länder wie die DDR, Polen oder Russland weit weg, quasi wie von einem anderen Stern. Je gefährlicher sie schienen, desto unwirklicher waren sie für uns im Westen Europas.

Für die Nachkriegs- und Babyboomer-Generation war Europa ein Projekt und Garant des Friedens und der Stabilität. Europa war und ist für diese Generationen ein Herzthema: „Nie wieder Krieg". Auch für die Jüngeren ist Europa ein emotionales Projekt. Umfragen zufolge sehen die jüngeren Generationen Europa als politische und erst danach als ökonomische Gemeinschaft. Die Europäische Union gilt auch für die Jüngeren als Garant für Frieden und Wohlstand.

Im „Kalten Krieg" war Deutschland das Sandwich im Kampf der Systeme Kapitalismus versus Kommunismus. Die Mauer schützte uns vor dem Feind im Osten und vor uns selbst. In der Schule hängten wir Werbeplakate der Bundeswehr auf. Die Bundeswehr war eine Verteidigungsarmee unter dem Atomschirm der Amerikaner. Die Russen galten zwar immer noch als böse, waren aber weit weg. Der Kalte Krieg und das Wettrüsten der Systemgegner sorgten für Sicherheit und Stabilität. Wer würde angesichts der vielen Atomwaffen in Europa einen Krieg führen? Wir hatten es uns im Kalten Krieg gemütlich gemacht.

Auch ich wollte damals zur Bundeswehr gehen. Mein historisches Interesse in dieser Zeit, die Auseinandersetzung mit dem Nationalsozialismus und dem Holocaust, brachte mich nach dem Abitur dann aber nicht zum Bund, sondern nach Israel. Ich leistete dort einen sogenannten Friedensdienst im Ausland mit Aktion Sühnezeichen Friedensdienste (ASF). Wir waren 1991 die erste Generation von Freiwilligen nach dem Irak-Golfkrieg und die erste Gruppe mit Freiwilligen aus den neuen Bundesländern. Eine einmalige Zeit voller Selbstkorrekturen.

Eine der wichtigsten Lektionen lautete für mich: Eine Demokratie muss auch wehrhaft sein. Das Schlimmste im Leben ist nicht Gewalt, sondern die Kapitulation vor ihr. Daher ist es zutiefst deutsch und verhängnisvoll, wenn Deutschlands bekannteste Protestantin Margot Käßmann behauptet, es gäbe keinen „gerechten Krieg". Selbst den Kampf der Alliierten und die Befreiung Europas von den Nationalsozialisten hält sie für nicht gerechtfertigt.

Die Zeit des „ohne uns" ist vorbei

In der Zeit vor der Wiedervereinigung galt das außen- und sicherheitspolitische Mantra, dass es keine deutschen Soldaten geben darf, wo einst Hitlers Wehrmacht stand. Und da dies fast überall war, war das deutsche NATO-Mitglied fein raus, wenn Amerikaner, Briten und Franzosen (und viele andere) Leib und Leben riskierten für Freiheit, Sicherheit und Wohlstand. Bis 1989 dachten die verbündeten Partner USA, Frankreich und England auch nicht daran, Deutschland zur Aufstellung von Kampftruppen aufzufordern. Stattdessen schickte das Land Hilfsgüter und zahlte viele Milliarden für seine Politik der Nicht-Beteiligung. So konnte die Bundesregierung eine militärische Beteiligung im ersten Irak-Krieg 1991 noch mit der für Bonner Verhältnisse typischen „Scheckbuch"-Diplomatie verhindern.

Die politische Identität und das nationale Selbstbewusstsein der alten Bundesrepublik und des wiedervereinigten Deutschland basierten auf seinem ökonomischen Erfolg. Wohlstand, politische Stabilität und internationale Einbettung – das war der Dreiklang des deutschen Erfolgs. Außenpolitik wurde (und wird) überwiegend als Außenwirtschaftspolitik verstanden. „Wandel durch Handel" war der Sound, auf den Politik, Wirtschaft und Gesellschaft setzten. Der Außenminister war immer auch der Türöffner für deutsche Unternehmen in der Welt. Und das Interesse an deutschen Produkten made in Germany hat wiederum der deutschen Außenpolitk genutzt. Dieser Zusammenhang ist der Öffentlichkeit jedoch nie vermittelt worden. Über die wirtschaftlichen Interessen Deutschlands wurde eher verschämt und nicht selbstbewusst gesprochen. Seit der Wiedervereinigung ist es mit der sicherheitspolitischen Trittbrettfahrerei vorbei. Das selbst proklamierte „Recht auf Wegsehen" gilt nicht mehr. Erstmals seit Gründung der Bundesrepublik muss Deutschland seine Interessen und Werte selbst definieren und verteidigen.

Die Ironie der Geschichte wollte es, dass ausgerechnet eine rotgrüne Bundesregierung mit dem Mantra der militärischen Nicht-Einmischung brach. Der Einsatz der Bundeswehr im Kosovo wurde 1999, zehn Jahre nach dem Fall der Mauer, vom frisch ernannten grünen Außenminister Joschka Fischer ausgerechnet mit Holocaust und Auschwitz begründet: „Ich habe nicht nur gelernt: Nie wieder Krieg. Ich habe auch gelernt: Nie wieder Auschwitz." Damit waren nicht nur die Grünen endgültig bündnis- und regierungsfähig geworden, sondern auch das Dogma der Bundesrepublik gebrochen, wonach sich deutsche Soldaten an keinem Krieg außerhalb des Bündnisgebiets beteiligen dürfen.

Deutschland ist erwachsen geworden und erkennt nicht nur seine ökonomische und politische Macht, sondern auch seine militärische und ideologische Macht an. Allerdings findet dieser Wandel nahezu ausschließlich ohne öffentliche Debatte statt.

Das Ende der Zurückhaltung

Der Historiker Michael Mann unterscheidet in seinem Buch „Geschichte der Macht" vier Arten von Macht: politische, ökonomische, militärische und ideologische. Die Position Deutschlands als neue europäische Mittelmacht (Herfried Münkler) ist demnach äußerst prekär, da sie fast ausschließlich auf seiner wirtschaftlichen Leistungsfähigkeit beruht. Im Hinblick auf die außenpolitische Strategiefähigkeit ist Deutschland keine selbstbewusste Mittelmacht, sondern eher Entwicklungsland. Jede Gefährdung dieser muss unweigerlich zu einer Krise des Staates und seiner Institutionen führen.

Die deutsche Politik wird sich künftig um eine Diversifizierung ihrer Machtfaktoren bemühen müssen. Der Einsatz militärischer Mittel wird auch für Deutschland zum normalen Repertoire gehören. Auch wenn das Land von Freunden umzingelt ist, wird es als exportorientierte Macht zunehmend Verantwortung übernehmen müssen. Die Ausübung und Verteidigung deutscher Interessen findet global statt. Flüchtlingsströme, Terrorbekämpfung und Energiesicherheit sind keine nationalterritoriale Angelegenheit mehr.

Deutschland liegt in der Mitte Europas. Geopolitiker sprechen von einer besonderen Mittellage. In seiner Rolle als europäische Mittelmacht hat sich Deutschland aus historischen Gründen lange Zeit zurückgehalten.

Die neuen Konflikte

2013 wurden 20 Kriege weltweit geführt. Davon allein elf in Afrika und sechs im Nahen Osten. Die neuen Gefahren und Bedrohungen – mögen sie noch so entfernt sein – sind in den letzten beiden Jahrzehnten im Zusammenhang mit der Globalisierung auch für Europa relevant geworden. Der ökonomische Wohlstand Deutschlands (und Europas) ist nicht nur vom Frieden abhängig, sondern auch von der politischen und sozialen Stabilität an seinen Rändern. Die größte sicherheitspolitische

Gefährdung in diesem Jahrhundert ist nicht das Überschreiten der Grenzen durch feindliche militärische Truppen, sondern eher ihr Überschreiten durch große Flüchtlingsbewegungen.

Die Migrationsströme an den Rändern Europas lassen sich militärisch kaum stoppen. Vielmehr bedarf es einer präventiven Strategie, um zu verhindern, dass massenhaft Flüchtlinge aus ethischen, religiösen, sozialen oder politischen Gründen einwandern. Die Konflikte und Unruhen in der Ukraine, in Afrika und im Nahen und Mittleren Osten können uns nicht kalt lassen. Ein auch militärisches Einschreiten muss öffentlich sachlich begründet und kommuniziert werden, wenn die verbundenen politischen Risiken minimiert werden sollen.

Die Konflikte entwickeln sich in Zukunft weg von konventionellen und staatlich geführten hin zu asymmetrischen Kriegen. Dennoch werden unter dem Stichwort „Friedensdividende" die Ausgaben für Verteidigung massiv reduziert. Deutschland gibt mit 1,3 Prozent gemessen am BIP weniger aus als die Mehrheit der NATO-Mitgliedsstaaten. Der europäische Anteil an den NATO-Ausgaben liegt bei 26 Prozent, den Rest tragen die USA. Letztere dringen seit Langem darauf, dass die Europäer – und ihnen voran Deutschland – sich stärker an den Kosten beteiligen.

Auch die Bundeswehr wird sich international stärker engagieren müssen. Die Begründungsrhetorik der neuen Verteidigungsministerin Ursula von der Leyen ähnelt dabei stark den früheren Worten des grünen Außenministers Fischer: „Wir können nicht zur Seite schauen, wenn Mord und Vergewaltigung an der Tagesordnung sind, schon allein aus humanitären Gründen."

Rhetorik ersetzt keine Strategie. Eine außen- und sicherheitspolitische Koordinierung ist in Deutschland bislang nur in Ansätzen erkennbar. Zuständig fühlen sich mit dem Auswärtigen Amt, dem Verteidigungsministerium und dem Ministerium für Entwicklung und wirtschaftliche Zusammenarbeit drei Ministerien. Jedes dieser Ministerien kann machen, was es will und führt die notwendige Debatte unter anderen Überschriften und Fragen. Eine kohärente Debatte über deutsche Interessen kann so nicht zustande kommen. Sinnvoller erscheint es, das Auswärtige Amt mit dem Ministerium für Entwicklung und wirtschaftliche Zusammenarbeit zusammen zu legen und das Amt als „Globalisierungsministerium" umzubauen.

Als Mittelmacht wird sich Deutschland an der Produktion kollektiver Güter wie Sicherheit und Stabilität aktiv beteiligen müssen. Die Rolle als bloßer Geldgeber und Trittbrettfahrer wird von den Bündnispartnern nicht mehr akzeptiert. Deutschlands Führungsverantwortung ist nach sechzig Jahren sicherheitspolitischer Abstinenz gefragt. Wer eine solche Verantwortungsübernahme als „Militarisierung der Außenpolitik" kritisiert, verfolgt entweder die bisherige Politik des Ablasshandels oder eine „Vogel Strauß"-Strategie. Beide Varianten verzichten darauf, eigene Vorstellungen einzubringen und zementieren die Abhängigkeit von jenen Ländern, die auch auf militärische Mittel setzen.

Die Gefahr des Neo-Isolationismus

Die Transformation der Bundeswehr zu einer Armee im Einsatz außerhalb der NATO wird in Zukunft wesentlich größere Anpassungsleistungen und Modernisierungsmaßnahmen erfordern als bislang öffentlich diskutiert wird. Der Verteidigungshaushalt reicht für diese Ausrichtung und Modernisierung bei Weitem nicht aus. Das wissen auch die Meinungsführer in Wissenschaft, Politik, Wirtschaft und Medien. Hier ist es längst common sense, dass Deutschland mehr außenpolitische Verantwortung in der Welt übernehmen muss. Die Kultur der militärischen Zurückhaltung müsse durch die Bereitschaft, mehr Verantwortung zu übernehmen, abgelöst werden, forderte Bundespräsident Joachim Gauck zu Beginn des Jahres 2014. Deutschland müsse sich „früher, entschiedener und substanzieller" einbringen.

Das Interesse der Deutschen gegenüber ihrer Armee ist jedoch von einem „freundlichen Desinteresse" geprägt, wie es der frühere Bundespräsident Horst Köhler zutreffend beschrieb. Breite Teile der Bevölkerung lehnen eine stärkere Beteiligung deutscher Streitkräfte im Ausland ab, wie erst jüngst eine Umfrage der Körber-Stiftung ergab. Danach meinten fast zwei Drittel der Befragten (60 Prozent), Deutschland möge sich in internationalen Krisen besser zurückhalten. Nur jeder Dritte (37 Prozent) plädierte für ein stärkeres Engagement. Von den 18- bis 29-Jährigen spricht sich jedoch eine Mehrheit für ein stärkeres Engagement Deutschlands aus.

Priorität der deutschen Außenpolitik soll nach dem Willen der Befragten der weltweite Schutz der Menschenrechte haben. Es folgt das Ziel Umwelt- und Klimaschutz, danach die Sicherstellung der deutschen Energieversorgung und die Bekämpfung des Terrorismus. Ganz am Ende steht das Ziel, die wirtschaftlichen Interessen Deutschlands zu schützen beziehungsweise ausländische Märkte zur Sicherung der Arbeitsplätze in Deutschland zu erschließen.

Wegen dieser Einstellung trat Bundespräsident Horst Köhler 2010 von seinem Amt zurück. Er hatte militärische Einsätze der Bundeswehr auch damit begründet, um deutsche Interessen, notfalls auch freie Handelswege zu wahren. Damit befand er sich völlig konträr zu den Einstellungen der deutschen Bürger. Es kam zu einem politischen Sturm der Entrüstung: Der Bundespräsident habe Einsätze der Bundeswehr in Zusammenhang mit wirtschaftlichen Interessen gebracht. So what? Die Bundeswehr ist keine Heilsarmee oder eine Unterabteilung des Technischen Hifswerks – auch wenn das viele so sehen.

Die gleiche Kritik muss heute Bundespräsident Gauck einstecken. Er hat – wenige Tage nach den Erinnerungsfeierlichkeiten zum D-Day im Juni 2014 – festgestellt, dass es „manchmal erforderlich (ist), auch zu den Waffen zu greifen". Gleichzeitig gibt Deutschlands bekannteste Protestantin Margot Käßmann ein Interview, in der sie einen „gerechten Krieg" ablehnt – auch im Zusammenhang mit der Befreiung Europas vom Nationalsozialismus durch die Alliierten.

Zugespitzt formuliert lässt sich sagen: Die Deutschen unterstützen die Bundeswehr, wenn sie zu Hause bleibt. Dieses Desinteresse ist gefährlich. Der Traum vieler von einem Deutschland als „großer Schweiz" ist romantisch und hat wenig mit Realpolitik zu tun. Steht Deutschland vor einer „neuen Epoche des Isolationismus"? Der öffentliche und politische Diskurs besteht weitgehend aus einer im „Kalten Krieg" geprägten Denke.

Statt die Vorteile und den Nutzen des geplanten Raketenabwehrsystems der USA in Polen und Tschechien abzuwägen, werfen sich die beiden Koalitionäre gegenseitig ein neues „Wettrüsten" oder „Anti-Amerikanismus" vor.

Diese verbalen Reflexe sind jedoch auch eine Folge der organisierten Sprachlosigkeit zwischen Wissenschaft und Politik. Gerade zwei Think Tanks beschäftigen sich in Berlin mit Außen- und Sicherheitspolitik. Bundestagsabgeordnete müssen bisweilen zu einem neuen Thema auf ein und dieselbe Quelle zurückgreifen. Ein außen- und sicherheitspolitischer Wettbewerb der Ideen fehlt in Deutschland. Private Stiftungen oder Unternehmen, die Geld für außenpolitische Aktivitäten zur Verfügung stellen, setzen oft mehr auf Show denn auf Substanz.

Ursache für diese Misere ist die Diskrepanz der realpolitischen Ausrichtung der Außen- und Sicherheitspolitik und ihrer öffentlichen Darstellung. Die Realpolitik ist in Wahrheit wesentlich stärker an Interessen ausgerichtet als an Werten. Allerdings ist von diesen Interessen in der Öffentlichkeit selten die Rede. Die Diskrepanz ist jederzeit skandalisierbar. Wenn sich ein Politiker aus der Deckung wagt, wie es Horst Köhler als Bundespräsident während des Afghanistan-Einsatzes der Bundeswehr tat oder heute Joachim Gauck, wird er gnadenlos abgestraft.

**Soft and hard power:
Mehr Verantwortung wagen**

Seit mehr als 60 Jahren leben die Deutschen mit ihren Nachbarn in Frieden. Das hat es zuvor noch nie in der deutschen Geschichte gegeben. Auch deswegen sind wir gelassener und zuversichtlicher. Das Vertrauen zwischen Politikern und Bürgern und untereinander ist gewachsen. Weil wir uns selbst vertrauen, werden wir als Partner in der Welt geschätzt.

Deutschland nicht über alles, sondern mit allen ist heute die Devise. Im Unterschied zur Nachkriegsgeneration ist die Generation Mauerfall weniger misstrauisch, was Interessen- und Machtpolitik betrifft. Ohne Macht lässt sich wenig machen und ausrichten in einer interdependenten Welt. Und Werte und Interessen müssen kein Gegensatz sein.

Es sind vor allem vier Entwicklungen, die eine Neubestimmung der deutschen Außen- und Sicherheitspolitik erforderlich, aber auch möglich machen:

1. Die Annexion der Krim durch Russland im Ukraine-Konflikt markiert eine deutliche Absage Russlands an das Modell der „strategischen Partnerschaft" und ist der Beginn einer neuen eurasischen Union als Gegengewicht zur Europäischen Union, der NATO und den USA.
2. Die USA werden sich aus finanziellen und strategischen Gründen in Zukunft stärker in Asien engagieren und von Europa mehr Verantwortung und Führung in Europa selbst einfordern.
3. Auf europäischer Ebene ist eine Integration der Außen- und Sicherheitspolitik allenfalls langfristig zu erwarten.
4. Die deutsche, aber auch die europäische Öffentlichkeit zweifelt zunehmend am Sinn internationaler Kampf- und Bündniseinsätze.

Neben den traditionellen Interessen und Zielen deutscher Sicherheitspolitik (Sicherheit der eigenen Bürger, Verteidigung der territorialen Souveränität, Bündnistreue, Schutz von Menschenrechten und Friedenssicherung) sind in den letzten Jahren neue hinzugekommen. Die wichtigsten Ziele sind die Eindämmung des Terrorismus, der Schutz der wirtschaftlichen Grundlagen Deutschlands, Cyber-Sicherheit und die weltweite Armutsbekämpfung im Rahmen der Millenium Development Goals der Vereinten Nationen.

Über diese Ziele einen breiten Dialog zu führen hat sich jetzt Außenminister Frank-Walter Steinmeier vorgenommen. Die Erwartungshaltung der internationalen Experten auf der Eröffnungsveranstaltung von „Review 2014" war eindeutig: Deutschland muss mehr Führung und Verantwortung übernehmen. Die „soft power" Deutschland braucht auch Instrumente einer „hard power". Und sie braucht eine offene Debatte, wie die außen- und sicherheitspolitischen Instrumente Deutschlands sinnvoll eingesetzt werden sollen.

Die Alternative: Euroatlantisch oder Eurasien?

Deutschland darf in Zukunft die Fehler der Vergangenheit nicht wiederholen. „Wandel durch

Annäherung" löst keine Konflikte. Eliten wie Bürger sind es nicht gewohnt, in Kategorien militärischer Bedrohungen zu denken wie der Fall Ukraine und die langfristige Strategie Russlands zeigen. „Stabilität" ist kein Wert an sich. Ohne die polnische Freiheitsbewegung von Solidarność in den achtziger Jahren des letzten Jahrhunderts hätte es den Mauerfall 1989 und die Deutsche Einheit nie gegeben. Das wird hierzulande gerne vergessen. Die Mehrheit der Deutschen glaubt bis heute, dass es die Russen mit Michail Gorbatschow waren, die den Mauerfall ermöglicht haben.

Der alte Fehler vor allem der deutschen Linken ist, dass Stabilität unbedingt gewahrt werden muss – und zwar im Dialog mit Moskau. Das Recht der osteuropäischen Staaten wie der Ukraine, über ihr Schicksal und ihre Zukunft selbst bestimmen zu können, spielt dabei keine Rolle. Auch die Ukraine und unsere Nachbarn im Osten Europas haben ein Recht auf „1989", auf Freiheit und Selbstbestimmung. Hätte man die Ukraine und Georgien 2008 in die Nato aufgenommen, wären zwei Kriege vermieden worden.

Das heutige Russland hat jedoch mit Freiheit und europäischen Werten wenig zu tun. Für die Eliten und weite Teile der Bevölkerung ist die Auflösung der früheren Sowjetunion die größte geopolitische Katastrophe des 20. Jahrhunderts. Mit der Besetzung der Krim im Frühjahr 2014 hat Russland zum ersten Mal seit dem Ende des Zweiten Weltkriegs sich gewaltsam Land angeeignet. Das Vorgehen hat ein Ziel: eine russische Einflusssphäre im ehemaligen sowjetischen Raum zu schaffen und die Nachbarn zu destabilisieren. Putin will verhindern, dass sich seine Nachbarn dem euroatlantischen Raum anschließen und hat mit der Eurasischen Union 2014 ein Gegenmodell gegründet.

Das neu-alte Russland unter Präsident Putin verdammt seine Feinde gerne als „Faschisten", zugleich verbündet er sich mit tatsächlichen Faschisten. Die bulgarische faschistische Partei startete ihre Europawahlkampagne in Moskau. Rechtsextreme und faschistische Parteien in ganz Europa bewundern heute Putin. Putin kommt eine Stärkung der europakritischen Parteien gelegen. Das russische Regime macht heute kein Geheimnis daraus, dass es die internationale Rechte verkörpert und unterstützt.

Marine Le Pen, deren Partei Front National bei den jüngsten Europawahlen stärkste Kraft in

Frankreich wurde, verdammt die Ukraine wie bestellt als Faschisten und wurde in Moskau wie eine Regierungschefin empfangen, die italienische Lega Nord und die ungarische Jobbik-Partei werden massiv unterstützt. Im Wahlprogramm des Front National zur jüngsten Europawahl wird eine Energie und Militär-Allianz mit Russland gefordert. Bulgarien wird in Brüssel als russisches Trojanisches Pferd gesehen. Russland hat dort viel Geld investiert und investiert auch in Serbien und anderen Ländern auf dem Balkan.

Putin führt einen neuen Krieg, indem er sich mit seinem Militär nicht direkt beteiligt. Er schickt Einheiten, die weder Uniformen noch Abzeichen tragen und unterstützt lokale „Dorfverteidigungstruppen". Das Ziel der Eurasier ist eine Schwächung des „dekadenten und schwulen" Europas und eine Ausweitung des eurasischen Projekts. Für ihn und die Eurasien-Ideologen ist die liberale Demokratie bankrott und ein reines Alibi für die Interessen Amerikas.

Damit rennt er bei der europäischen Rechten und Linken zwar offene Türen ein, bei der großen Mehrheit der Deutschen findet er damit jedoch wenig Zustimmung. Drei Viertel stimmen laut Umfragen dem Satz zu, Putin sei ein Politiker,

„dem man nicht über den Weg trauen kann". Russland wird zunehmend assoziiert mit Begriffen wie Korruption, Missachtung von Menschenrechten und Meinungsfreiheit, großen sozialen Unterschieden und unzureichender Rechtssicherheit. Zu Recht.

Die russische Wirtschaft ist heute viel weniger diversifiziert als zu Zeiten der Sowjetunion. Der Anteil des Öl- und Gasexports am russischen Gesamtexport liegt bei etwa 70 Prozent. In Ländern statt in Märkten zu denken, passt zur heutigen Zeit nicht mehr. Globalisierung ist ein machtvoller und langfristiger Megatrend. Anders als imperiale Landeroberung ist „soft power" von entscheidender Bedeutung: ein attraktives Gesellschaftsmodell und eine starke Wirtschaft.

Die langfristig wirkenden Faktoren sind heute nicht auf Russlands Seite, sondern auf der Europas und des Westens. Russland modernisiert sich nicht, auch weil sich die Wirtschaft und die Gesellschaft nicht erneuert. Bundeskanzlerin Merkel hat Recht: Putin wirkt wie „aus der Zeit gefallen". Für Deutschland und Europa bedeutet die Ukraine-Krise am Ende einen Katalysatoreffekt. Europa gewinnt als Friedensprojekt wieder Relevanz und Überzeugungskraft.

Nach dem Winterschlaf

Deutschland wacht langsam aus seinem tiefen sicherheitspolitischen Winterschlaf auf. „Ohne uns" ist keine Strategie angesichts der neuen globalen Herausforderungen. Langfristig muss die ideenpolitische Auseinandersetzung um die globalen Herausforderungen und nationalen Interessen gesamtgesellschaftlich geführt werden. Die Diskussion über Deutschlands Rolle in der Welt darf nicht nur in den Medien stattfinden, sondern muss auch Schulen und Teile der Zivilgesellschaft erreichen.

Es ist Aufgabe der Politik, deutlich zu machen und zu begründen, welche Rolle Deutschland global spielen kann und soll. Niemand versteht bislang, was die deutschen Interessen mit dem Hindukusch oder Afghanistan zu tun haben. Unzureichend ausgerüstet sind deutsche Soldaten in drei Kontinenten unterwegs.

Als „technisches Hilfswerk" wird die Bundeswehr ihre neue Rolle nicht wahrnehmen können. Ob es den Deutschen gefällt oder nicht, sie werden als vollwertige Partner angesehen. Jede Zurückhaltung wird man ihnen als Flucht vor der Verantwortung auslegen. Zu Recht.

**Europa besser verteidigen:
Mit Energie und Militär**

Kurz- und mittelfristig werden die Europäer ihre Ausgaben für Verteidigung erhöhen, langfristig unabhängiger von russischer Energie werden müssen. Die EU-Mitgliedsländer importieren jeden Tag Energie im Wert von rund einer Milliarde Euro. 53 Prozent davon kommt von außerhalb der EU. Viele EU-Staaten hängen stark von Russland ab, sechs sogar zu 100 Prozent. Energiekommissar Günther Oettinger spricht im Zusammenhang mit russischen Gasimporten gar von „Erpressbarkeit". Europa braucht dringend eine gemeinsame Energiepolitik mit dem Ziel einer stärkeren Energieunabhängigkeit. Russland wäre dann von China abhängig und würde zur Ukraine Chinas.

Ohne eine Diversifizierung der Energieversorgung wird Europa von Russland ökonomisch und politisch abhängig bleiben. Russland wird versuchen, den aktuellen Umsatzrückgang durch den Export nach Asien auszugleichen. Der jüngste Milliarden-Deal mit China hat aber gezeigt, dass es ihm nicht gelingt, sein Gas zu den hohen europäischen Preisen zu verkaufen. Europa und die USA haben gute Chancen der geopolitische Gewinner einer neuen Energiepartnerschaft zu werden. Eine einheitliche Energiepolitik in Gestalt einer Energieunion könnte das internationale Ansehen der EU signifikant erhöhen.

Der gewachsenen globalen Verantwortung der Europäer widerspricht jedoch die Entwicklung seiner Verteidigungsausgaben. Im Verhältnis zum BIP und den Staatsausgaben sind sie niedriger als zu Zeiten des Kalten Kriegs. Im Vergleich zu den USA, deren Verteidigungsetat 2013 mehr als 560 Milliarden Euro betrug, gibt Europa jährlich nur 180 bis 200 Milliarden Euro für Verteidigung aus. Schätzungen zufolge lassen sich zwischen 60 und 80 Milliarden Euro einsparen, wenn die Ausgaben, die Beschaffung und Armeen europäisiert werden. Dieses Geld kann und muss sinnvoller ausgegeben werden.

Langfristig werden die EU und die Nato-Mitgliedsstaaten in den kommenden Jahren die Verteidungshaushalte erhöhen müssen. Das wird zunächst nicht auf Begeisterung und große Zustimmung bei den Bürgern stoßen. Politik darf sich aber in zentralen Fragen nicht nur von Momentaufnahmen und Meinungsumfragen leiten lassen. Die Westintegration Deutschlands nach dem verlorenen Zweiten Weltkrieg und die Wiederbewaffnung in den fünfziger Jahren fanden auch keine Mehrheit in der Bevölkerung. Dennoch waren und blieben diese Entscheidungen richtig.

Die Verteidigungspolitik der EU-Staaten leidet unter den fünf gleichen Problemen: weniger Personal, weniger Budget, weniger Effizienz, weniger Glaubwürdigkeit und weniger Handlungsfähigkeit. Deutschland hatte im Kalten Krieg 3340 Leopard-Kampfpanzer, heute sind es noch 225. 1990 hat das Land noch 2,8 Prozent seines Bruttosozialprodukts für Verteidigung ausgegeben, heute sind es noch 1,3 Prozent. Frankreich gibt fast doppelt so viel aus und klagt zunehmend darüber, dass es damit einen erheblichen Teil der deutschen Sicherheit mitfinanziert. Russland dagegen verfügt über Tausende Panzer und hat seine Verteidigungsausgaben in den letzten Jahren um 30 Prozent erhöht, während einige Nato-Staaten ihre Ausgaben um 40 Prozent gekürzt haben. Europa wird sich in den kommenden Jahren mehr für Sicherheit engagieren müssen.

Die Europäisierung der Verteidigungspolitik im Rahmen einer Verteidigungsunion ist nach Wirtschaft, Währung und Finanzen auch außenpolitisch ohne Alternative. Die deutsche und europäische Stabilität und Sicherheit nach dem Zweiten

Weltkrieg wurden von den USA gewährleistet. Die USA sind mehr als früher in Zukunft mit sich selbst beschäftigt und werden sich sicherheitspolitisch eher auf den asiatisch-pazifischen Raum konzentrieren. Europa und insbesondere die Europäische Union werden in Zukunft stärker auf sich allein gestellt sein, wenn es um friedenssichernde Maßnahmen außerhalb des eigenen Gebietes geht.

Europa als Friedensmacht mit klar formulierten Werten und Interessen wäre international als Partner geachtet. Sein Leitbild wäre der „Europäer in Uniform". Die EU-Verteidigungsunion ist aber kein Gegengerüst zur heutigen NATO, im Gegenteil. Ohne eine integrierte und europäisierte Verteidigungs- und Rüstungspolitik wird die NATO ihre Aufgaben kaum noch erfüllen können. Dafür braucht sie mehr Mittel und neue Partner.

Auch die Ukraine und die Türkei gehören zu Europa

Die EU ist in erster Linie eine politische Wertegemeinschaft. Wer ihren Kanon an gemeinsamen Werten, Normen und Institutionen anerkennt und lebt, ist fähig und in der Lage Mitglied der Union zu werden. Dazu gehören vor allem der Schutz der Menschenwürde, Meinungs- und Pressefreiheit, der Schutz von Minderheiten und die Achtung der Selbstbestimmung von Mann und Frau.

Mittel- und langfristig spricht nichts dagegen, auch Länder wie die Ukraine und die Türkei aufzunehmen. Sie benötigen ein klares Signal, dass Europa sie als künftige Mitglieder sieht und aufnehmen will, wenn beide Länder ihre Hausaufgaben gemacht haben. Ansonsten driften beide Länder ab und lassen sich wie zuletzt die Krim und Teile der Ost-Ukraine von Russland und seinen eurasischen Ambitionen ködern.

Neo-Sicherheit: die Agenda

1. **Nie wieder Gewalt!** *Schlimmer als Krieg ist die Kapitulation vor der Gewalt. Ein Recht auf Wegsehen gibt es in der internationalen Politik nicht mehr.*
2. **Flagge zeigen: Werte plus Interessen.** *Mit Werten und Normen allein lässt sich keine Außen- und Sicherheitspolitik betreiben. Es geht um Freiheit, Frieden und Selbstbestimmung und um die Verteidigung unseres Wohlstands.*
3. **Außen- und Entwicklungspolitik zusammenlegen:** *Die neuen Konflikte sind global: Migrationsströme, Terrorismus, Cyber-Kriege. Daher wird das Auswärtige Amt mit dem Ministerium für Entwicklung und wirtschaftliche Zusammenarbeit als „Globalisierungsministerium" zusammengelegt.*
4. **Eine breite Debatte über unsere Interessen.** *Ursache für das Desinteresse der Deutschen an Sicherheitspolitik ist ein Mangel an Debatte und Streitkultur.*
5. **Härte und Dialogbereitschaft zeigen!** *Russland unter Putin strebt eine Eurasische Union als Gegenmodell zur Europäischen Union an. Antwort darauf ist eine Doppelstrategie aus „soft and hard power".*

6. **Der neue Wettbewerb: EU oder Eurasien.** *Das europäische Modell aus Freiheit, Solidarität und Wettbewerb braucht mehr Verteidigung und Partner. Auch die Türkei gehört zu Europa.*
7. **Europa braucht eine gemeinsame Energiepolitik.** *Die EU ist abhängig von Gas aus Russland und anderen autoritären Ländern. Mehr Energieeffizienz und eine stärkere Förderung eigener Energiequellen ist das Gebot der Stunde.*
8. **Mehr Eigenverantwortung!** *Die USA werden sich aus finanziellen und geopolitischen Gründen weniger in Europa engagieren. Die EU und auch Deutschland werden mehr Eigenverantwortung übernehmen müssen.*
9. **Eine neue Verteidigungsunion: EU plus Nato.** *Das langfristige Ziel ist eine Integration der Rüstungs- und Verteidigungspolitik unter Einbindung der Nato.*
10. **Kein neues Wett-, aber Aufrüsten.** *Eine Neuausrichtung und Anpassung an die globalen und europäischen Konflikte braucht mehr Geld, mehr Forschung und mehr Zusammenarbeit.*

8   Neo-Europa: Erosion oder Erneuerung?

„Zur Verwirklichung eines vereinten Europas wirkt die Bundesrepublik Deutschland bei der Entwicklung der Europäischen Union mit."

Artikel 23 des deutschen Grundgesetzes

Kaum war ich 18 wollte ich mit dem Zug durch Europa fahren. Interrail machte es möglich: Wir fuhren 1990, ein Jahr nach dem Mauerfall durch Spanien und Italien und entschlossen uns kurzfristig das WM-Endspiel der deutschen Mannschaft in Rom anzusehen. An den Grenzen wurden wir kaum kontrolliert, nur das Geldwechseln war ein Graus und ein Verlust. Wer heute durch Europa fährt, kann dies noch unbeschwerter tun. Europa steht den Europäern offen wie noch nie zuvor. Und dennoch machen zu wenige von den Optionen und Chancen Gebrauch. Europa ist heute ein Projekt der Eliten und weniger ein Anliegen der Bürger. Ausdruck dafür ist die niedrige Beteiligung bei den Europawahlen. 2014 war sie in vielen Ländern auf einem neuen Rekordtief, teilweise fiel sie auf unter 20 Prozent.

Soviel Ernüchterung ist auch eine Chance. Noch vor einigen Jahren ging Europa nur wenige etwas an: Großkonzerne, Landwirte, Ersamus-Studenten. Heute ist Europa für viele Bürger Alltag. Für viele ist es aber auch ein Versprechen und ein Traum: Demokratie plus Wohlstand. Es ist Zeit, dem amerikanischen einen europäischen Traum an die Seite zu stellen. So wie die Vereinigten Staaten von Amerika einst von mutigen Europäern, die in ihrem Heimatland keine Perspektive mehr sahen, gegründet wurden, so muss sich Europa ebenso offen zeigen für Zuwanderer und neue Ideen. Ziel ist nicht die Ausweitung von Land, sondern von Innovationen und Fortschritt. Der europäische Traum setzt auf Chancen, Freiheit, Solidarität und Lebensqualität. Verwirklicht werden kann er von einer neuen Generation von Europäern.

Die neue Aufgabe Europas

Hat Europa die besten Jahre hinter oder gar noch vor sich? Wir haben uns an Wohlstand, Freiheit und Frieden gewöhnt. Für Politiker in China, im Iran oder Russland ist Europa heute eine Kopie der „dekadenten, liberalen und schwulen" USA. Sozialkonservative Vordenker aus Deutschland wie Meinhard Miegel liefern diesem Denken auch bei uns geistige Nahrung. „Maßlosigkeit" und „Hybris" werfen dem Westen auch Putin, der iranische Präsident Rohani und das chinesische Zentralkomitee vor.

Warum lassen wir uns das gefallen? Wir sind zu wenig überzeugt von der eigenenen europäischen Attraktivität und offenbar leicht empfänglich für autoritäre Antworten. Europa steht vor einem neuen Systemkonflikt und der alten Alternative: liberale Demokratie oder nationaler Autoritarismus. Bei den letzten Europawahlen haben vielerorts Parteien gewonnen, die nicht nur aus der EU austreten wollen, sondern auch die offene, tolerante und diskriminierungsfreie Gesellschaft ablehnen. Die vielen hunderttausende Menschen, die auf den unmöglichsten Wegen nach Europa (und nicht nach China, Russland oder in den Iran!) fliehen, tun dies nicht nur aus wirtschaftlichen oder politischen, sondern auch aus moralischen Gründen. Sie wollen nicht Wohlstand oder Freiheit, sie wollen wie wir frei und wohlhabend sein!

Die Herausforderungen für Europa erwachsen nicht mehr aus der Vergangenheit, sondern aus der Demografie, aus der Globalisierung und aus den aktuellen diplomatischen Aufgaben. Daher ist es ein Fehler, Europa als rein ökonomisches Projekt zu definieren. Die bisherige Erzählung, vorgetragen insbesondere von Deutschlands Bundeskanzlerin, liefert nur die eine Begründung. Danach ist die europäische Integration die Voraussetzung für die Selbstbehauptung Europas in Zeiten der Globalisierung. Diese habe die wirtschaftlichen Gewichte und die politische Machtverteilung auf der Welt verändert und bedrohe unseren Wohlstand.

Diese rein ökonomische Erzählung reicht nicht mehr aus. Unseren Wettbewerbern in der Welt geht es um mehr als Geld. China, Russland und dem Iran geht es um ein Gegenmodell von Freiheit, Demokratie, Solidarität und Selbstbestimmung. Die Europäische Union ist in Wahrheit eine politische und solidarische Einheit, nicht nur eine wirtschaftliche.

Europa kann wieder stark und schön werden. Es hat in der Euro-Krise seine Solidarität mit den schwachen Mitgliedsländern bewiesen. In Zukunft wird es seine globale Mission stärker begründen und behaupten müssen. Erneuerung oder Erosion: Die großen Fragen wie Energie, Klimaschutz, Migration und Wettbewerbsfähigkeit werden die Europäer nur gemeinsam lösen können. Zu stark sind die Verflechtungen untereinander und mit dem Welthandel und zu klein sind die europäischen Nationalstaaten geworden. Europapolitik ist heute Innenpolitik. Statt einer Renationalisierung der europäischen Politik, wie sie Köpfe wie Jürgen Habermas fürchten, erleben wir im Gegenteil eine Europäisierung der nationalen Politik. Sie wird die Union stärker und attraktiver machen.

Die Wiedergeburt Europas

Europa ist 2014 – 100 Jahre nach Ausbruch des Ersten Weltkriegs – wiedergeboren worden. Irgendwo an der Grenze zur Krim, jenseits von Ukraine und Russland, bringt *Europa* ein neues Kind zur Welt. Die Menschen auf dem Majdan in Kiew haben für eine demokratische Regierung und gegen die Kleptokratie der Oligarchie und ihres geflohenen Präsidenten demonstriert. Ihr mutiger Aufstand erinnert an die ursprüngliche europäische Idee und Erzählung: Kooperation und Nachbarschaft in Frieden und Freiheit. Wer zusammen arbeitet, führt nicht gegeneinander Krieg, so hat es vor bald 65 Jahren der französische Minister Robert Schuman formuliert. Aktuell sind seine damaligen Worte: „Europa lässt sich nicht mit einem Schlage herstellen und auch nicht durch eine einfache Zusammenfassung. Es wird durch konkrete Tatsachen entstehen, die zunächst eine Solidarität der Tat schaffen."

Deutschland: Vom Anti- zum moderierenden Hegemon

Eine Solidarität der Tat braucht auch die Ukraine. Europas Stunde hat geschlagen: Grundrechte und Partnerschaft sind wichtiger als Gas und Profit. Dies im Namen aller Mitgliedsländer zu verkünden und zu vertreten hat nun – so wollen es Amerikaner und europäische Nachbarn – Angela Merkel, die deutsche Bundeskanzlerin. Vom „Anti-Hegemon" über den „zögerlichen Hegemon" zum „moderierenden Hegemon" – Deutschlands Genese zur „soft power" ist Folge einer glücklichen Entwicklung.

Für Deutschland war es lange gemütlich, sich als postnationaler Staat unter Nationalstaaten aus der europapolitischen Verantwortung zu stehlen, wie es für die EU bequem war, keine internationale und sicherheitspolitische Verantwortung tragen zu müssen.

Die Zeit nach 1945 und während des Kalten Krieges befreite Deutsche und Europäer vom Zwang zur großen Politik, wie es Peter Sloterdijk vor zehn Jahren in seinem Band *Falls Europa erwacht. Gedanken zum Programm einer Weltmacht am Ende des Zeitalters ihrer politischen Absence* beschrieb. Deutschland und Europa hatten sich nach dem Zweiten Weltkrieg auf einen „ewigen Frieden" eingestellt.

Die neue europäische Erzählung: „Frieden plus Macht"

Die Zeiten sind vorbei. Auf einmal gibt es in Europa wieder Gewinner und Verlierer. Die Finanzkrise hat offenbart, dass radikale Reformen nötig sind. Die Krise ist mehr als nur eine Staatsschuldenkrise, sie ist eine Strukturkrise. Das europäische Sozialmodell mit seiner Architektur aus Arbeitsmarkt, Renten- und Gesundheitssystemen wird durch Demographie und Globalisierung herausgefordert wie noch nie.

Die europäische Bevölkerung macht inzwischen nur noch sieben Prozent der Weltbevölkerung aus (bei Gründung der Gemeinschaft waren es noch 20 Prozent). Mit ihnen produziert Europa heute ungefähr ein Viertel des weltweiten Bruttoinlandprodukts. Sein Anteil an den weltweiten Sozialausgaben beträgt jedoch 50 Prozent. Als Einzelstaaten bringen die europäischen Mitgliedsländer nur noch ein Gewicht auf die Waage, das sich im Weltmaßstab nicht mehr im Prozent-, sondern im Promillebereich bewegt.

Die neue europäische Erzählung, die von Politikern oft eingefordert wird, ist in Deutschland politisch tabu: Zielte das europäische Projekt vor mehr als 60 Jahren allein auf Frieden, so ist es heute auch die Macht. Die „Quadratur des Kreises" (Ralf Dahrendorf) aus freiheitlicher Demokratie, sozialem Zusammenhalt und ökonomischer Wettbewerbsfähigkeit muss Europa wieder neu balancieren.

Die große Verschwörung

Europa wird in den nächsten Jahren gar nichts anderes übrig bleiben, als seine Wirtschafts- und Währungsunion durch eine handlungsfähige Politische Union zu ergänzen. Allein mit den Mitteln der Wirtschaft lässt sich eine Währungsunion nicht machen, das hat die Finanzkrise offenbart. Nicht Stabilität oder Wachstum, sondern „Wachstum durch Stabilität" ist das neue, von Merkel-Deutschland verfolgte Ziel. Für viele in Europa, insbesondere im Süden, ist die deutsche Kanzlerin damit die Totengräberin des alten Europagedankens. Einige wittern gar eine große Verschwörung. Verschwörungstheorien haben zwei große Vorteile: Sie vereinfachen ein Problem, indem sie es auf eine Ursache zurückführen, und sprechen den Verkünder von jeglicher Verantwortung frei.

Zu ihnen gehört der Publizist Jürgen Roth. In seinem neuen Buch *„Der stille Putsch"* skizziert er eine Verschwörung aus Elite in Wirtschaft und Politik, die sich Europa und Deutschland unter den Nagel reißt. Diese „globale Elite" will den Süden Europas verarmen lassen, seinen Wohlstand und seine Ressourcen nehmen, um so zu billigen Arbeitskräften zu kommen. Europa hätte dann sein eigenes China. Roth hat fleißig recherchiert und nennt die Mitglieder des Netzwerkes beim Namen. Sie reichen von Josef Ackermann, dem früheren Chef der Deutschen Bank, über Mario Draghi (heute Chef der EZB) bis hin zu Christine Lagarde, die heutige geschäftsführende Direktorin des IWF. Beim „Who is who" fehlt kaum ein (westlicher) Staats- oder Unternehmenschef.

Geglaubt hat die These von der Verschwörung am Ende nur eine kleine Minderheit bei den letzten Europawahlen. Bis auf Frankreich. Dort ist der Front National mit Marine Le Pen mit einer großen Botschaft der Vereinfachung in den Wahlkampf gezogen: Der Euro ist eine Erfindung der Deutschen, um Frankreich zu schwächen. Die Partei allein auf ihren vorhandenen Antisemitismus und Rechtsextremismus zu reduzieren, wäre zu einfach. Die Partei wird vor allem von Jüngeren gewählt. Die Mehrheit der Franzosen hält den Front National für eine konservative Partei und nicht für eine rechtsextreme Vereinigung. Für Le Pen und ihre Partei ist die EU zur Projektionsfläche für alles Negative: anhaltend hohe Arbeitslosigkeit, Sparpolitik und Ausländer. Ihre Rhetorik und Sprache ist von Hass und Verachtung geprägt. Der Erfolg Le Pens ist Folge eines erschreckenden politischen Versagens. Sozialisten wie Konservative in Frankreich scheinen darauf zu wetten, wie die Demokratie am schnellsten zu ruinieren ist.

In Frankreich (und vielen anderen Regionen Europas) hat sich eine Nostalgie ausgebreitet, die das Land kulturell lähmt. Die Eliten verachten die amerikanische Kultur ebenso wie die Brüsseler Bürokratie. Gemeinsam huldigt man einem „Camembert-Faschismus" (Nils Minkmar) und glaubt an die große Verschwörung. Nur wird die einstige Größe Frankreichs (oder Griechenlands) nicht wiederkehren, indem man sich von Europa verabschiedet und der Globalisierung den Rücken kehrt.

Vom Antiamerikanismus zum Antigermanismus

Dass kleine Länder wie Griechenland einzelne Großmächte für ihre Probleme verantwortlich machen, ist nichts Neues. Bis 2005 war die herrschende Ideologie in Griechenland der Antiamerikanismus. In den Meinungsumfragen führten die Deutschen. Seit der Finanzkrise ist es damit vorbei. In wenigen Jahren verwandelte sich der Antiamerikanismus in einen Antigermanismus. Heute stehen mit Russland und China nicht-europäische Mächte in der Gunst der Griechen ganz oben.

Den 79-jährigen Nikos Dimou hat Roth bei seinen Reisen in Griechenland nicht getroffen – oder nicht treffen wollen. Der aus Fernsehtalkshows, Radiosendungen und als Autor vieler Bücher (gerade erschienen: Die Deutschen sind an allem schuld) bekannte Philosoph widerlegt seine These vom „stillen Putsch". Die Frage, wie sich ein Land trotz der vielen Milliarden Euro an europäischen Hilfsgeldern und Subventionen derart verschulden konnte, beantwortet Dimou mit einem Bild: Als Griechenland in die Eurozone kam, reagierten Politik und Gesellschaft „wie ein Kind, das man in einem Süßwarengeschäft von der Leine lässt". In Griechenland, schreibt Nikos Dimou, gab es „keine Renaissance, keine Reformation, keine Aufklärung... Nie hatte sich eine bürgerliche Klasse gebildet, keine Zivilgesellschaft zeichnete sich ab. Wir wurden vom Feudalismus in die Moderne katapultiert."

Jürgen Roth benutzt das griechische Elend für seine Philippika gegen einen vermeintlich expandierenden „autoritären Neoliberalismus". Entsprechend drunter und drüber gerät sein Buch. Was hat die deutsche „Agenda 2010" des Jahres 2003 mit der globalen Finanzkrise 2008 und der heutigen Situation in Griechenland zu tun? Die Agenda-Politik hat zu „Millionen prekärer Arbeitsverhältnisse" und zu einem „Abbau des Sozialstaats" geführt?

Das Gegenteil ist richtig: Die Löhne in Deutschland sind zuletzt gestiegen, Rekordbeschäftigung und geringe Arbeitslosigkeit sorgen für mehr Binnennachfrage und Konsum. Die deutsche Sozialleistungsquote ist in den Krisenjahren nicht gesunken, sondern gestiegen. Jürgen Roths These vom „Putsch" ist blind für den Gegenbeweis und verkennt die Geschichte. „Demokratie" stammt zwar aus dem Griechischen, hat aber mit dem heutigen Griechenland wenig gemein. Sie ist vielmehr ein westlicher Import und wird von vielen Griechen bis heute nicht als ihre Sache anerkannt.

Je korrupter ein Staat, desto mehr Gesetze hat er.
Tacitus

Das große Problem der überschuldeten Länder im Süden Europas sind Klientelismus, Kleptokratie und Korruption. Beides führt auf Dauer zu einer Schwächung von privater Initiative und Wirtschaft und zu einem Aufblähen des öffentlichen Sektors. An der griechischen Schmierentragödie sind die Deutschen jedoch nicht unschuldig. Die größten Korruptionsskandale betreffen deutsche Firmen. So bezahlte Griechenland mehr als 2,5 Milliarden Euro für drei Unterseeboote an EADS, ThyssenKrupp und Rheinmetall. Die Boote wurden niemals geliefert – bis auf ein defektes, das sofort unterging. Aufgedeckt hat den Fall am Ende die deutsche Justiz und nicht die griechische.

**Der neue europäische Weg:
Wachstum durch weniger Schulden**

Die deutsche Stabilitätskultur ist bislang der Motor einer Modernisierung Europas gewesen. Diese These vertritt Angelo Bolaffi in seiner brillanten, 2013 erschienenen Streitschrift *Deutsches Herz. Das Modell Deutschland und die europäische Krise*. Sie alleine wird jedoch nicht reichen, wenn Europa wieder auf die Beine kommen soll.

Bolaffi hat Recht: Deutschland ist in Zukunft mehr in Europa gefordert. Auch weil es in der Euro-Schuldenkrise keine gute Figur gemacht hat. Deutschland hat mit Merkel zu lange gezögert, Griechenland zu helfen und die deutschen (Landes-)Banken zu sanieren. Ein großes Versäumnis war es auch, den Bürgern nicht genau zu erklären, warum es sich für Deutschland lohnt, finanzielle Opfer für den Fortbestand der Währungsunion zu bringen. Dadurch hat sie die eurokritische und populistische „Alternative für Deutschland" erst möglich und groß gemacht. Die CDU hat es seit ihrer Gründung immer geschafft, keine Partei rechts von ihr zu haben. Damit ist es jetzt vorbei.

Wer ein Ende oder gar ein Auseinanderbrechen der Euro-Zone herbeiredet, gefährdet unseren Wohlstand in Europa. Gerade für Deutschland als Kernland Europas wäre dieser Schritt fatal. Eine Rückkehr zu nationalen Währungen hätte immense Abwertungsrunden zur Folge – nicht nur in den Krisenländern. Die Vorteile im globalen Kostenwettbewerb wären dahin. Die Unternehmen wären gezwungen, ihre Produktion ins Ausland zu verlagern, um dort zu produzieren, wo ihre Waren verkauft werden. Die Garantien, die auch Deutschland bisher für die Kredite an überschuldete Euro-Länder gegeben hat, würden sich in sichere Verluste umwandeln.

Viele fordern eine Abkehr von der Sparpolitik, um die Konjunktur anzuschieben. Die Ursache für das immense Schuldenproblem vieler europäischer Länder liegt aber nicht an einem überharten Sparkurs. Erste Erfolge sind sichtbar: 2013 haben es fast alle Euro-Länder geschafft, ihre Haushalte zu konsolidieren und die Defizite abzubauen. In Spanien und Portugal ist die Arbeitslosigkeit zuletzt spürbar gesunken. Portugal und Irland haben das EU-Rettungsprogramm verlassen. Sparpolitik zahlt sich aus. Das Wachstum in der Euro-Zone steigt wieder. Das Vertrauen der Märkte in Europa ist wieder zurück.

Europa und die Euro-Länder stehen heute besser da als vor der Krise. Um in Zukunft krisenresistenter zu werden, braucht Europa einen Konsens, welche Fragen es besser als die einzelnen Staaten lösen kann. Dazu gehören Fragen des Wettbewerbs, des Handels, des Finanzmarktes und der Währung, Klima, Umwelt und Energie sowie die Außen- und Sicherheitspolitik. Hier kann nur Europa erfolgreich handeln. Auf eine globalisierte und vernetzte Welt ist der klassische Nationalstaat nicht mehr die adäquate Antwort. Das seit dem Westfälischen Frieden entwickelte Souveränitätsprinzip garantiert heute keine ausreichende Stabilität mehr.

Eine Reformagenda für ein solidarisches und zukunftsfähiges Europa

Die Europäische Union hat zwar seit Jahren eine gemeinsame Währung, aber keine gemeinsame Regierung und auch keine abgestimmte Wirtschafts- und Steuerpolitik. „Mehr Steuern und weniger Rudern" bedeutet für Europa: Mehr Koordinierung und weniger Detailsteuerung auf europäischer Ebene.

Der seit Langem sich abzeichnende Trend zu einem „Europa der zwei Geschwindigkeiten" wird sich in Zukunft deutlich verstärken. Mitglieder wie Deutschland, Frankreich, Italien, Spanien,

Portugal, Irland und Griechenland werden sich strengen Haushaltsregeln unterwerfen, ihre Wirtschaftspolitik eng abstimmen und finanzielle Solidarität üben. Dieses Kern-Europa orientiert sich bei Reformen an den Leitwerten Transparenz, Legitimation und Effizienz.

Langfristiges Ziel sollte die Etablierung des Euro als neue Weltwährung sein. Der Weg dorthin ist nicht mehr oder weniger, sondern ein besseres Europa. Folgende acht Schritte weisen den Weg:

(1) Eine europäische Wirtschaftsregierung
Zwischen der Koordination der Finanz- und Wirtschaftspolitik existiert eine Lücke, die geschlossen werden muss. Oberstes Ziel muss sein zu verhindern, dass die Schuldenkrise die Erfolge der Reformen gefährdet. Dazu bedarf es einer abgestimmten europäischen Wirtschaftspolitik mit einheitlichen Positionen und einem Konzept, wie Europa angesichts der globalen Herausforderungen zukunftsfähig gemacht werden kann. Wenn Länder einschneidende Reformen vornehmen, muss ihnen solidarisch geholfen werden.

(2) Ein neuer Wachstums- und Stabilitätspakt
Zentrales Ziel muss die Einführung nationaler Schuldenbremsen sein. Eine reine Sparpolitik

wird die strukturellen Probleme in den Krisenländern jedoch allein nicht lösen können. Investitionsprogramme müssen die Konsolidierungsbemühungen sinnvoll ergänzen.

(3) Ein Europäischer Währungsfonds

Kein Mitgliedsland darf wieder in eine Überschuldungslage kommen. Ein Europäischer Währungsfonds, wie ihn die Ökonomen Thomas Mayer und Daniel Gros vorgeschlagen haben, überwacht die finanzpolitische Stabilität in der Euro-Zone und weist frühzeitig auf Probleme und Fehlentwicklungen hin. Wenn erforderlich, entwirft er Konsolidierungsprogramme für Krisenstaaten und setzt diese durch. Im worst case-Szenario muss er den Konkurs eines Euro-Landes organisieren.

(4) Euro-Anleihen

Die schrittweise Einführung gemeinsamer Euro-Anleihen kann den europäischen Kapitalmarkt stärken und dazu führen, dass bald ein erheblicher Teil der internationalen Devisenreserven in Euro gehalten werden.

(5) Eine europäische Doppeldemokratie

Ein politisches Europa kann nicht gegen die Nationalstaaten gebaut werden, sondern nur mit ihnen. Begriffe wie die „Vereinigten Staaten von Europa" gehen daher nicht in die richtige Richtung. Die EU ist kein Bundesstaat wie die USA und wird es nicht werden. Technisch ist Europa eine „Mehr-Ebenen-Demokratie", politisch eine Art „Bund europäischer Länder". Kein Bundesstaat, aber mehr als ein Staatenbund.

Europa ist eine sich ergänzende, ineinandergreifende Einheit von Demokratien verschiedener Reichweite und Zuständigkeiten – eine national-europäische Doppeldemokratie. Wir sind Staatsbürger unseres Heimatlandes und einer europäischen Demokratie. Deutschland bleibt unser Vaterland, Europa wird unser Mutterland. „Vollendet" wird Europa nie sein, aber gerade das macht seinen Reiz und seine Attraktivität aus.

(6) Europäische Legitimation der Institutionen

Europa braucht eine stärkere demokratische Legitimation seiner Institutionen. Ziel muss eine von Europas Bürgern legitimierte Legislative, Exekutive und Judikative auf europäischer Ebene sein. Dazu werden die europäischen Institutionen transparenter und effizienter werden müssen. Auch die Direktwahl des Präsidenten der Kommission und eine stärkere Zusammenarbeit des Europäischen Parlaments mit den nationalen Parlamenten sind sinnvoll.

(7) Ein Europa für die nächste Generation
Damit Europa noch erfahrbarer wird, brauchen wir konkrete und anspruchsvolle Projekte. Jean Monnet, der zu den Gründervätern der Europäischen Gemeinschaft gehört, hat einmal gesagt, wenn er nochmals anfangen könnte, würde er mit der Kultur beginnen. Noch besser wäre es mit der Jugend anzufangen. Die in vielen Regionen Europas hohe Jugendarbeitslosigkeit lässt sich nur zum Teil mit öffentlichen Beschäftigungsprogrammen bekämpfen und überwinden. Nachhaltiger und effizienter wäre ein Austausch der Jugend angefangen in den Schulen über die Berufsschulen und Ausbildungsstätten bis hin zu den Studierenden.

Der europäische Studentenaustausch ist ein positives Beispiel und verstärkt das Gefühl einer europäischen Bürgergesellschaft. Er ist jedoch nur auf eine kleine Anzahl von Menschen beschränkt. Jeder Jugendliche in Europa sollte die Gelegenheit haben, in ein anderes Mitgliedsland zu gehen, um dort eine Ausbildung oder ein Studium zu beginnen, zu vollenden, eine andere Sprache zu lernen oder zu arbeiten. Die Angebote sollten möglichst niedrigschwellig, leicht verständlich und großzügig finanziert bzw. unbürokratisch gefördert werden.

(8) Mehr europäische Führung

Es liegt nicht an fehlenden Kompetenzen oder einem Übermaß an Baustellen, wenn Europa in dieser historischen Stunde scheitern sollte. Es liegt einzig und allein an der Solidarität der Tat, von der Robert Schuman in den Gründungstagen der Gemeinschaft sprach. Finanzielle Solidität und politische Solidarität müssen Hand in Hand gehen.

Beides braucht einen langen Atem und nicht nur eine Politik des puren Pragmatismus. Ein wenig mehr Pathos würde schon reichen. Die überzeugten Europäer müssen aus ihrem Schlaf erwachen und das geopolitische und geistige Potenzial des euopäischen Traums zu neuem Leben erwecken. Europa und die Europäische Union stehen nicht vor dem Untergang, sondern vor einer neuen Gründerzeit. Mehr Wohlstand, Solidarität, Freiheit und Lebensqualität sind am Ende ein lohnenswertes Ziel.

Europa ist heute vor allem ein Labor für neue Ideen in der Welt. Die Herausforderungen der Zeit verlangen ein Europa, das handlungsfähig ist, das auf die Herausforderungen der Menschen eingeht und das ein Gewissen und eine Moral hat. Dazu braucht es mehr und nicht weniger Führung. Deutschland könnte im Verbund mit weiteren Partnern Europa mit Weisheit und Weitsicht zu neuer Einheit führen.

Neo-Europa: die Agenda

1. **Der europäische Traum:** *Freiheit und Wohlstand für alle!*
2. **Frieden plus Macht:** *Die Europäische Union ist eine politische und solidarische Einheit, nicht nur eine wirtschaftliche. Freiheit, Demokratie, Solidarität und Selbstbestimmung unterscheiden das europäische Modell von anderen.*
3. **Der neue europäische Weg:** *Wachstum durch weniger Schulden: Die EU auf dem Weg zur wirtschaftlich stärksten Region der Welt.*
4. **Mehr oder weniger Europa:** *Jedes Mitgliedsland entscheidet, ob es den europäischen Weg hin zu einer politischen, fiskalischen und sozialen Union gehen will. Europa (oder Deutschland) für eigene Fehler verantwortlich zu machen, geht dann nicht mehr.*
5. **Die Euro-Zone wird zum Kerneuropa.** *Eine europäische Wirtschaftsregierung und ein neuer Wachstums- und Stabilitätspakt sorgen für nachhaltiges Wachstum und mehr Beschäftigung.*
6. **Der Euro wird wichtigste Weltwährung.** *Ein europäischer Währungsfonds überwacht die nationalen Haushalte und fördert die Attraktivität des Euro.*

7. **Heimat plus Europa.** *Die EU wird zur Doppeldemokratie. Wir werden europäische und bleiben nationale Staatsbürger.*
8. **Mehr Bürgernähe.** *Die Direktwahl des Präsidenten der EU und eine stärkere Zusammenarbeit zwischen den Parlamenten erhöht die Legitimation und Transparenz.*
9. **Ein Europa der Jugend.** *Jeder Schüler und Jugendliche bekommt die Möglichkeit in einem Land seiner Wahl zu lernen und zu arbeiten.*
10. **Mehr Führung!** *Die nächsten Jahre entscheiden, ob die Regierungen Europa mit Weisheit und Weitsicht steuern.*

9   Neo-Demokratie: Politik auf Augenhöhe

„Die Demokratie aufhalten wollen, hieße gegen Gott selbst kämpfen."
Alexis de Tocqueville:
Über die Demokratie in Amerika, 1835

Deutschland war nach 1945 lange Zeit eine Demokratie ohne Demokraten. Das Grundgesetz und die Politik waren entsprechend misstrauisch gegenüber Bürgerbeteiligung und direkter Demokratie. Das ist heute anders. 65 Jahre seit Gründung der Bundesrepublik sind die Deutschen ebenso aufgeklärte und engagierte Bürger wie ihre Nachbarn. Direkte Demokratie kann zur besten Waffe gegen Politikverdrossenheit, Misstrauen und Staatsverschuldung werden. Das soziale Kapital und die ökonomische Rendite steigen, wenn sich der Staat zurück zieht und auf die Kraft der Selbstorganisation der lokalen und kleinen Einheiten setzt. Die Parteien sollten ebenfalls einen Beitrag zur Revitalisierung der Demokratie leisten, wenn sie nicht aussterben wollen.

Ende der neunziger Jahre zog die Politik vom Regierungsdorf Bonn in die schlafende Metropole Berlin um. Die Rede war von der „Berliner Republik" und einem „neuen Deutschland", durch das jetzt endlich ein „Ruck" gehen würde. Ich war begeistert, zog mit um und gründete mit Gleichgesinnten ein politisches Netzwerk und einen think tank.

Wir hatten, auch dank der New Economy, enormen Erfolg und stießen auf positives Echo in Medien, Stiftungen und bei Unternehmen. Die erste Berliner Koalition aus SPD und Grünen drehte die Reformuhr nämlich erst einmal zurück. Die Rede war von der „blockierten Republik", „Reformstau" und einer „sozialen Mafia" namens Gewerkschaften.

Immer mehr außerparlamentarische Gruppen entstanden und setzten sich für eine aktive Bürger- oder Zivilgesellschaft ein. Es brach eine neue Gründerzeit an, entstanden mitten in der Gesellschaft. Kanzler Schröder sprach von der „Zivildienstgesellschaft". Es blieb beim Versprecher. Die „neue Mitte", die ihn 1998 zum ersten SPD-Kanzler seit Helmut Schmidt wählte, hatte er da schon längst vergessen.

Heute scheinen Skepsis und Misstrauen zu überwiegen. Ist Demokratie noch die richtige Antwort und das zeitgemäße Verfahren auf die Krisen und Herausforderungen unserer Zeit? Sind die Parteien noch die passenden Schnittstellen zwischen

Bürgern und Parlamenten? Können Politiker noch unabhängig und frei von fremden Interessen über das Gemeinwohl entscheiden oder sind sie nicht längst korrupt?

Schafft sich die Demokratie ab?

Die These vom moralischen Verfall der politischen Klasse ist nicht neu. Der frühere Bundespräsident Richard von Weizsäcker sagte vor mehr als zwanzig Jahren in einem Interview, die politischen Eliten seien „machtversessen und machtvergessen". Statt die Bedürfnisse und Interessen der Bürger zu vertreten, seien sie darauf aus, ihre persönlichen Vorteile zu verfolgen.

Viele halten die Demokratie für nicht zukunftsfähig. Sie sei zu langsam, zu gegenwartsfixiert und zu abhängig von Stimmungen. Länder wie China und Russland gehören zu den prominentesten Vertretern, die von einem neuen Autoritarismus, einer Art „wohwollenden Diktatur" überzeugt sind.

Willkommen also in der „Postdemokratie" (Colin Crouch)? In dieser bleiben die demokratischen Fassaden zwar intakt, dahinter setzen sich aber Sachzwänge und mächtige Interessen durch, angetrieben durch Parteioligopole oder den Boulevard. Der Neoliberalismus, so die Kernthese des britischen Politikwissenschaftlers, degradiere den demokratischen Staat zum Selbstbedienungsladen von Wirtschafts- und Finanzeliten. Parteien verwandeln sich nach Crouch, der Logik der Marktwirtschaft folgend, in Firmen, die vor allem ihr Image pflegen und sich längst von den normalen Bürgern abgekoppelt hätten.

Das Buch gehört heute zu den Standardwerken vieler Linken. Statt in einem gezähmten Kapitalismus leben wir in einer „marktkonformen Demokratie", kritisiert die deutsche Linke, die den Begriff Angela Merkel während der Eurokrise in den Mund gelegt hat. Die Kanzlerin hatte damals mit der Formulierung „marktkonform" auf einen einfachen Zusammenhang hinweisen wollen: Demokratie müsse heute, in einer interdependenten Welt der Globalisierung, auch auf die Märkte Rücksicht nehmen. Ohne deren Vertrauen in die Stabilität der Rettungsmaßnahmen ist Politik machtlos. Bevor die Märkte die Politik leiten und beherrschen, muss diese alles Mögliche unternehmen, die Märkte zu beruhigen.

Diese Sicht ist für die Vertreter, die den unbedingten Primat der Politik fordern, nur schwer verständlich und erträglich. Sie propagieren stattdessen den „demokratiekonformen Markt": Das Volk solle entscheiden, was sich auf dem Markt gehört und was nicht. Nur, wer ist „das Volk"? Wer am lautesten schreit?

Empört Euch!

In den letzten Jahren hat ein neuer Typus Bürger von sich Reden gemacht: der Wutbürger. Der SPIEGEL-Journalist Dirk Kurbjuweit definiert ihn als „wohlhabenden konservativen Menschen, der nicht mehr ganz jung, früher einmal gelassen und staatstragend, jetzt aber zutiefst empört über die Politiker" ist. „Der Wutbürger wehrt sich gegen den Wandel, und er mag nicht Weltbürger sein." Er ist „Ausdruck einer skeptischen Mitte, die bewahren will, was sie hat und kennt, zu Lasten einer guten Zukunft des Landes." Die neue Partei „Alternative für Deutschland" und die „Piraten" sehen in den Wutbürgern ihre wichtigste Zielgruppe.

Die Wutbürger sehen ihre Heimat bedroht. Das, was sie aktiv geschaffen und gestaltet haben, wird in ihren Augen von der Politik und der Wirtschaft unter Druck gesetzt. Die gefühlte Heimatlosigkeit ist im Kern ein Verlust an Identität. Soziologisch könnte man die neuen Wut- und Protestbürger auch als kulturelle Modernisierungsverlierer charakterisieren. Von Politik und Politikern fühlen sie sich ebenso unzureichend vertreten und verraten wie die schon immer Verdrossenen.

Die neue Protestbewegung bleibt am Ende unpolitisch. Das unterscheidet sie fundamental von der 68er- und der Friedens- und Umweltbewegung der 80er Jahre. Waren es damals überwiegend die Jüngeren, die gegen die politische Macht auf die Straßen gingen, sind es heute überwiegend Ältere. Der Wutbürger präferiert autoritäre Lösungen und eine Expertokratie, die mit demokratischen Verfahren und Mehrheitsentscheidungen nicht vereinbar ist. Eine Spaltung der Gesellschaft in Verdrossene und Empörte ist eine ernstzunehmende Gefahr.

Unter den Wutbürgern ist nicht einmal ein Prozent jünger als 25 Jahre. Im Unterschied zum Partizipationsbürger der sechziger und siebziger Jahre ist der Wutbürger überzeugt, dass Politik als solche sinnlos ist. Die Wutbürger, die gegen Bahnhöfe, Flughäfen, Schulreformen oder Stromtrassen oder den Euro zu Felde ziehen, haben sich von der real existierenden Politik längst verabschiedet. Der neue Protest aus der bürgerlichen Mitte zielt vor allem darauf, privilegierte und kaum nachhaltige Lebensformen und Selbstverständnisse zu verteidigen.

Der Göttinger Politikwissenschaftler Fanz Walter, der eine Studie über die Wutbürger verfasst hat, prognostiziert: „Spätestens zwischen 2015 und 2035 werden sich Hunderttausende hoch motivierter und rüstiger Rentner" in den Kampf gegen Windmühlen begeben. Direktdemokratische Entscheidungen und Abstimmungen werden dagegen aus Angst vor anderen Mehrheiten abgelehnt. Es könnte ja eine andere Entscheidung heraus kommen.

Demokratischer Optimismus

Statt in einen Abgesang auf die Demokratie einzustimmen ist jedoch Optimismus geboten. Gemessen an den politischen Ergebnissen waren die Protestbewegungen in den letzten Jahren oft erfolgreich. Die nach Fukushima wiedererstarkte Anti-Atomkraftbewegung erzwang über Nacht eine Kehrtwende in der Energiepolitk und leitete eine Energiewende ein. Die Gründungsforderung von Attac nach Einführung einer Finanztransaktionssteuer auf EU-Ebene wird inzwischen von vielen Staaten befürwortet. Offenbar ist die etablierte Politik mit ihren eingefahrenen Strukturen und

Verfahren durchaus in der Lage zur grundlegenden Selbstkorrektur.

Von einer Krise der repräsentativen Demokratie oder gar Politikverdrossenheit kann keine Rede sein. Der in die Jahre gekommene Wutbürger ist ein Minderheitenphänomen geblieben, dem kaum ein Jüngerer folgt. In der Altersgruppe der 15- bis 24-Jährigen ist die Bereitschaft sich politisch zu engagieren in den letzten Jahren sogar gestiegen. Über 80 Prozent der Jungen halten die Demokratie für eine gute Staatsform.

Die Grundannahme der Vertreter einer „Postdemokratie", wonach die Mehrheit der Bürger eine „passive, schweigende, ja sogar apathische Rolle" (Crouch) spiele, ist empirisch nicht belegbar. Die These von der „Verschwörung der Reichen und Mächtigen" erinnert an frühere marxistische Theorien und ihre heutigen Wiederkäuer.

Das Leiden an der real existierenden Demokratie

Demokratie ist aus Sicht vieler Bürger der Name für das, was sie nicht haben wollen, aber was sie sich dennoch sehnlich wünschen. Mit den politischen Institutionen und ihren Dienstleistern, insbesondere den Parteien, können sie sich immer weniger identifizieren. In ihren Organisationsstrukturen, Arbeitsweisen und Programmen finden sie sich immer weniger wieder. Von keiner Partei fühlen sie sich richtig und von allen Parteien höchstens in Einzelfragen repräsentiert.

So korrespondiert die Verdrossenheit der Bürger an der real exstierenden Politik mit der Bürger- und Beteiligungsverdrossenheit der Politiker. Gemeinsam mit den Medien setzen Politiker stattdessen auf konsequente Entpolitisierung und Unterhaltung. Nur haben beide damit immer weniger Erfolg beim Konsum-Bürger. Der versteht sich längst als Co-Produzent von Politik.

Die Politik lässt kaum noch Werte und Ziele erkennen und verzichtet darauf ihre Entscheidungen im Dialog mit den Wählern zu begründen. Die Bürger akzeptieren aber nur das, was sie verstehen, nachvollziehen und mit entscheiden bzw. mit tragen können.

Krise der Repräsentation?

In einer Demokratie sollen Parteien die Interessen ihrer Mitglieder aggregieren und artikulieren, also repräsentieren und schließlich umsetzen. Stattdessen, so die Kritik, betreiben sie hinter verschlossenen Türen eine korrupte Elitenpolitik, die nur noch von oben herab mit Hilfe von professionellen Beratern und Spindoktoren kommuniziert werde. Zudem hätten die Reformen der letzten Jahre die soziale Ungleichheit erheblich verschärft und zu einer wachsenden Kluft zwischen oberen und unteren Gruppen geführt. Wirtschaftliche und soziale Marginalisierung führe aber politische Marginalisierung nach sich.

Gerade unter Rotgrün sei zwischen 2000 und 2005 eine neue Schicht der „Überflüssigen" (Heinz Bude) von Arbeitslosen, Migranten und Hartz IV-Empfängern entstanden. Diese und das wachsende „abgehängte Prekariat" fühlten sich von der Politik kaum noch repräsentiert.

Doch sind Parteien und ihre Vertreter nicht vielmehr Opfer gesellschaftlicher Veränderungen, die sie selbst nicht steuern können? Das behauptet die These von der zunehmenden Komplexität moderner Gesellschaften. In einer Zeit, in der die traditionellen sozialen Milieus und Bindungen sich auflösen, so die These, verlieren Parteien ihre soziokulturelle Verankerung. In einer sich zunehmend individualisierenden, pluralistischen Gesellschaft sei es immer weniger möglich, einen einheitlichen Wählerwillen geschweige denn ein

Gemeinwohl zu formulieren. Die repräsentative Demokratie verkomme so unweigerlich entweder zur Interessen- und Klientelpolitik oder mutiere zu einer Experten- und Führungspolitik.

Das Verhältnis zwischen Parteien und Bürgern scheint nachhaltig gestört zu sein. Die Parteienverdrossenheit der Wähler spiegelt sich in der Bürgerverdrossenheit der Politiker. Beide, Bürger wie Politiker, befinden sich in einem Zustand emotionaler Erschöpfung mit reduzierter Leistungsfähigkeit. Das Krankheitsbild ähnelt in hohem Maße der neuen Volkskrankheit Burnout. Dessen Entwicklung beginnt mit idealistischer Begeisterung und führt über frustrierende Erlebnisse zu Desillusionierung und Apathie.

Doch was, wenn Politik und Parteien etwas repräsentieren sollen, was es gar nicht mehr gibt? Wenn es ein vorpolitisches Subjekt, das von den Repräsentanten authentisch abgebildet werden soll, nicht gibt? Wenn sich dieses Subjekt erst im praktischen Verhandlungsspiel der politischen Machtverhältnisse konstituiert?

Wir leben längst, so der Politikwissenschaftler Ingolfur Blühdorn, in einer „simulativen Demokratie". In dieser haben sich demokratische Werte und Verfahren überlebt, finden aber gleichzeitig mehr öffentliche Zustimmung denn je und werden deshalb als „Simulationen" sorgfältig kultiviert. „Simulation" meint hier nicht „vorsätzliche Täuschung" oder „bloße Symbolik", sondern das Ermöglichen gleichzeitiger Widersprüche. „Symbolische Politik" impliziert eine „authentische Politik", die streng an den artikulierten Interessen der Bürger ausgerichtet ist und diese effektiv umsetzt. Der Begriff geht somit von einem Konflikt zwischen den Interessen der Bürger und denen der Eliten aus.

Dagegen geht der Begriff der simulativen Demokratie davon aus, dass es eine authentische Alternative zur tatsächlichen politischen Praxis nicht gibt. Blühdorn begründet dies mit dem Fehlen der normativen Grundlagen und der Komplexität und Widersprüchlichkeit der Interessenkonstellationen. Danach inszenieren Wahlen, Proteste, Bürgerbeteiligung etc. demokratische Normen und sind so Zeichen der Demokratie.
In der simulativen Demokratie werden Diskurse, Narrative und gesellschaftliche Selbstbeschreibungen produziert und reproduziert. Ziel ist die Stabilisierung einer gesellschaftlichen Ordnung, die sonst an ihren Widersprüchen zerbrechen würde.

Es geht also nicht mehr um die Frage, ob Demokratie reformierbar ist und wie die Bürger stärker beteiligt werden können, sondern wie sich die Widersprüche bewältigen lassen. Dabei werden die Kernthemen der direkten Demokratie (Partizipation) und der repräsentativen Demokratie (Repräsentation) nicht irrelevant. Sie bekommen nur eine andere Bedeutung.

Bürgerbeteiligung und direkte Demokratie: Mehr Qualität zu geringeren Kosten

„Wenn der Sinn von Politik Freiheit ist, so heißt dies, dass wir in diesem Raum – und in keinem anderen – in der Tat das Recht haben, Wunder zu erwarten."

Hannah Arendt

Die Krise der politischen Repräsentation auf die Agonie oder Apathie der Bürger zurückzuführen ist ein Fehler. Im Frühsommer 2014 erlebten die Bürger in Berlin ein politisches Wunder. Während sich die Große Koalition auf Landesebene für eine Randbebauung des früheren Tempelhofer Flughafens ausgesprochen hatte, stimmten mehr als zwei Drittel der Berlinerinnen und Berliner am Tag der Europawahl dagegen.

Die Bürger sind in vielen Fragen weiter als die Parteien. Die Zustimmung zu den großen Reformen

Neo-Demokratie

der letzten Jahre, ob Agenda 2010, Rente mit 67, Ende der Atomenergie oder Homo-Ehe, wäre früher zu haben gewesen, wenn sich die Parteien getraut hätten, den Bürgern die Wahrheit zu sagen und sie vor die Alternative des „Weiter so" gestellt hätten. Und auch die Akzeptanz von regionalen Projekten wie „Stuttgart 21" oder die Einführung von G8 an den Schulen wäre größer ausgefallen, wenn die Bürger frühzeitig beteiligt gewesen wären.

Bürgerbeteiligung und direkte Demokratie können ein Weg und eine Chance zur Erneuerung der Demokratie sein. Dabei dürfen aber weder grundlegende Menschenrechte wie die verfassungsgemäße Ordnung ausgesetzt oder beseitigt werden.

Ab 2016 verbietet das Grundgesetz der Bundesregierung, mehr Geld auszugeben als sie einnimmt. 2020 gilt diese Schuldenbremse für alle Bundesländer. Auch in der Euro-Zone sollen automatische Strafen für Haushaltssünder die Regierungen zur Budgetdisziplin zwingen. Die Erfahrungen mit vergleichbaren Regeln machen jedoch wenig Mut, dass solche Budget-Regeln eingehalten werden. Die Politik war bislang sehr kreativ, wenn es um die Aufweichung oder Aussetzung solcher Beschränkungen ging. Ein besserer Weg, Schulden abzubauen und erst gar nicht entstehen zu lassen, liegt in einer stärkeren Beteiligung und mehr Entscheidungsgewalt der Bürger über die Staatsausgaben.

Dass direkte Demokratie einen positiven Einfluss auf die Staatsverschuldung eines Landes haben kann, zeigt das Beispiel Schweiz. Eine Studie der Ökonominnen Patricia Funk und Christina Gathmann hat die Entwicklung der Staatsfinanzen aller 25 Schweizer Kantone untersucht und kommt zu dem Schluss: Je stärker die Einwohner in einem Kanton selbst über die Verwendung der Staatsausgaben mitreden können, desto besser ist es dort um die öffentlichen Finanzen bestellt. Ein Vergleich zwischen Kantonen mit und ohne automatische Finanzreferenden zeigt, dass die Ausgaben langsamer in den Kantonen wachsen, wo es für die Bürger leichter ist, einen Volksentscheid auf den Weg zu bringen. Je niedriger die Hürden für die Beteiligung, desto eher sinken die Ausgaben eines Kantons.

Einer Studie von Matthias Benz und Alois Stutzer aus dem Jahr 2004 zufolge sind die Schweizer Bürger im Vergleich zu Bürgern repräsentativer Demokratien besser informiert. Weil sie mitentscheiden können, haben sie einen Anreiz sich zu informieren. Der Diskussionsprozess macht die Bürger auch mit wirtschaftspolitischen Fragen vertraut.

Empirische Studien zeigen, dass Demokratien mit einer direkten Mitwirkung bei politischen Entscheidungen erhebliche wirtschaftliche Vorteile gegenüber repräsentativen Staaten haben. Die Steuerbelastung ist geringer und der Staat ist effizienter: die öffentlichen Leistungen werden mit geringerem Aufwand erbracht. Und Lars Feld, Mitglied des Sachverständigenrats der Bundesregierung, hat in einer Studie nachgewiesen, dass stärker direkt-demokratische Kantone ein höheres Pro-Kopf-Einkommen haben als diejenigen mit geringeren Beteiligungsmöglichkeiten.

Schließlich erhöhen Formen direkter Demokratie auch das subjektive Glücksempfinden und die Lebenszufriedenheit der Bürger, wie eine Studie von Bruno S. Frey zeigt. Beides wiederum führt zu wirtschaftlichem Wohlstand. Glückliche Menschen sind aktiver, optimistischer und motivierter. Die Demokratie setzt auf den mündigen Bürger. Mehr Beteiligung und Demokratie schärfen den Sinn der Bürger für Verantwortung. Sie sind jedoch nicht voraussetzungslos. Wichtig ist zum einen die Übereinstimmung von formeller Zuständigkeit und realer Verantwortung. In der Schweiz werden Steuern von der Gemeinde, dem Kanton und dem Bund erhoben. Jede dieser drei Ebenen legt seine Steuerquote in eigener Verantwortung fest, auch durch Volksentscheid. Faktisch verfügen die drei Ebenen über rund ein Drittel der öffentlichen Mittel.

Den Gemeinden und Kantonen kommt durch diese föderale Finanzordnung ein hohes Maß an Selbstverantwortung zu. Sie werden dadurch auch zu einem steuerpolitischen Standortwettbewerb angehalten. Die große Mehrheit der Schweizer akzeptiert diesen Wettbewerb und nimmt kantonale Unterschiede hin.

Glückliche Schweizer, frustrierte Deutsche? Direkte Demokratie ist auch in größeren Staaten wie Australien und Kalifornien Praxis. Größe ist grundsätzlich kein Hinderungsgrund, wenn eine föderative Struktur (Bundesstaat, mehrere Bundesländer) gegeben ist. Das ist auch in Deutschland der Fall. Kritiker wenden ein, dass die Bürger eher ihrem eigenen Geldbeutel den Vorzug geben als dem Gemeinwohl. Dieser Vorwurf wird jedoch auch Abgeordneten und Politikern gemacht. Das Beispiel Schweiz beweist, dass dem nicht so ist. Die Bürger sind durchaus in der Lage gemeinwohlorientiert abzustimmen. Von Politikverdrossenheit ist bei unserem Nachbarn keine Spur. Die Stimmbeteiligung liegt konstant bei 45 Prozent.

Mehr direkte Demokratie und Bürgerbeteiligung befördern politische Stabilität, wirtschaftlichen Erfolg und ausgeglichene Haushalte. Sie haben zudem den Vorteil, dass notwendige Reformen in der kleinen Münze des konstanten Reformierens abgezahlt werden. Aus Angst vor Verlusten und Veränderungen zahlen wir Reformen lieber in großen Scheinen ab, was uns am Ende überfordert, Politiker wie Bürger.

Direkte Demokratie und Bürgerbeteiligung fallen nicht vom Himmel und sollten auch nicht durch die Politik von oben verordnet oder als Akklamationsveranstaltung missbraucht werden. Beide müssen von unten entwickelt und aufgebaut werden. Ohne eine passende Finanzverfassung und Entscheidungsreichweite machen sie keinen Sinn und entbehren jeder Glaubwürdigkeit. Daher muss eine neue und nachhaltige Reform des Föderalismus in Deutschland auf die Agenda.

Reform des Föderalismus

Der real existierende Föderalismus behindert massiv die Entwicklung einer beteiligungsgerechten Bürgergesellschaft. Ein kompetitiver und kreativer Föderalismus würde neue Wege erproben und die Lernfähigkeit der gesamten Gesellschaft erhöhen. Der heutige Föderalismus gefährdet die Handlungsfähigkeit ebenso wie die demokratische Legitimität.

Ein neuer Föderalismus setzt vor allem auf die kommunale Selbstverwaltung. Die meisten Auf- und Ausgaben der Städte und Gemeinden werden vom Bund oder von den Ländern definiert und oktroyiert. Die Freiheit und Autonomie der Kommunen, in denen oft zwei Drittel des Verwaltungshaushaltes durch Aufgaben der sozialen Sicherung gebunden sind, beschränkt sich darauf, sogenannte „freiwillige Leistungen" einzuschränken, Schwimmbäder zu schließen und Einsparungen bei Schulen, kulturellen und Freizeiteinrichtungen vorzunehmen. Die negativen Folgen sind eine steigende Unzufriedenheit der Bürgerinnen und Bürger mit den öffentlichen Leistungen vor Ort.

Die Finanzverfassung in Deutschland lässt sich als organisierte Verantwortungslosigkeit beschreiben. Vor allen finanzausgleichstechnischen Problemen stellen sich ganz grundsätzliche politische Fragen nach Aufgaben, Ausgaben und Einnahmen des Bundes, der Länder und Gemeinden: Wo sollen, wo können welche Aufgaben am besten erfüllt werden und wohin müssen deshalb mit den Aufgaben auch die Mittel gehen? Wie kann es gelingen, die Kreise der Entscheidenden und der Betroffenen, der Begünstigten und der Belasteten möglichst zur Deckung zu bringen? Was bedeutet es, wenn letztendlich jedes Bundesland bei uns über 99,5 Prozent der durchschnittlichen Finanzausstattung verfügt, unabhängig davon, ob es besonders ökonomisch, sparsam, modern arbeitet oder nicht?

Der real existierende Föderalismus bestraft die Eigeninitiative und Eigenverantwortung der Länder, ist instransparent und kommt weitgehend ohne die Kommunen und ihre Bürger aus. Die Anreize der Finanzverfassung sind falsch gesetzt, und das hat nicht nur ökonomische Folgen: Es betrifft auch das Verhältnis der Bürger zum Gemeinwesen. Sie wissen nicht mehr, wer entscheidet, wer die Kosten trägt, wie sie auf Kosten und Nutzen Einfluss nehmen können. Die Bürger können heute nicht erkennen, an wen und für was die Steuern verwendet werden und wer für seine Steuerbelastung verantwortlich ist.

Ziel einer nachhaltigen Reform des Föderalismus muss eine Verbindung der Leistungsgerechtigkeit mit der Solidargerechtigkeit sein. Die Länder sollten eigene Steuerhebesätze bekommen. Die Landtage der Länder könnten dann im eigenen Interesse nicht nur Gesetzesarbeit machen, sondern diese auch umsetzen. Und sie könnten die Kommunen dazu ermächtigen, selbst Lösungen zu finden und so qualitativ bessere Entscheidungen für die Bürger zu treffen.

Der politische Unternehmer und der mündige Bürger

Dafür braucht es einen neuen Typus Politiker: den „politischen Unternehmer". Dieser bedient nicht nur bereits existierende Forderungen und Interessen, sondern erzeugt neue, indem er eine neue Politik anbietet. Repräsentation bedeutet für diesen Typus nicht mehr die Re-Präsentation, die Wiedergabe von etwas, das bereits existiert, sondern das Erschaffen von etwas, das zuvor nicht existiert hat (András Körösényi). Repräsentation ist heute ein offener, dialogischer Prozess, eine ständige Beziehung zwischen Repräsentanten und Repräsentierten.

Die Piratin Marina Weisband definiert den unternehmerischen Politiker auch als „offenen Politiker", der drei Kriterien verbindet: Authentizität, Aufklärung und Ansprechbarkeit. Der offene Politiker als politischer Unternehmer bedeutet einen Kulturwandel. Dieser lässt sich als politics of commitment beschreiben. Commitment heißt Verpflichtung und das Engagement für eine Sache, die möglichst viele als gut und gerecht empfinden. Am Beginn steht immer die Frage: „Was sind unsere gemeinsamen Werte, Ziele und Anliegen?" Eine Politik der Selbstverpflichtung spricht eine Einladung an alle aus: „Lasst uns gemeinsame Ziele, die sich für alle lohnen, erreichen! Für die Menschen in unserer Stadt."

Der neue Typ Politiker ist aber auch angewiesen auf einen Bürger, der engagiert ist und mehr Verantwortung für sich selbst trägt. Dafür müssen die entsprechenden Anreize wie mehr Beteiligungsmöglichkeiten und Formen direkter Demokratie gegeben sein. Das Volk ist nicht dümmer als der Durchschnitt der Politiker. Was passive, getriebene, reaktive Politiker und Bürger verbindet, ist ein Übermaß an Angst und ein Mangel an Freiheit. Das Grundprinzip einer aufgeklärten und vernetzten Demokratie ist aber, dass jeder mehr Verantwortung für sich selbst trägt. Politiker wie Bürger.

Wir brauchen Politiker, die auf Augenhöhe mit uns reden. Demokratie lebt vom Diskutieren, vom Experimentieren und Entwerfen. Wo damit anfangen? In den Parteien!

Mehr Demokratie wagen: in den Parteien!

Ich bin Mitglied in einer der beiden sogenannten Volksparteien. In einem Gespräch mit meinem Ortsvereinsvorsitzenden habe ich meine Mitgliedschaft ausdrücklich von einer aktiven Beteiligung abhängig gemacht. Seitdem bekomme ich Einladungen zu Veranstaltungen in Senioren-Zentren und darf längst feststehende Tagesordnungen und Wahlen zur Kenntnis nehmen. Die Gründe, warum Mitglieder wieder aus Parteien austreten, sind hierzulande erstaunlich wenig erforscht. Kein Wunder!

Die deutschen Parteien altern schneller als die Deutschen selbst. Über die Hälfte der Mitglieder in den im Deutschen Bundestag vertretenen Parteien ist älter als 60. Die einzige Ausnahme: die Grünen. Bei den unter 25-Jährigen schafft es keine Partei auf über ein Prozent. Die demografische Zusammensetzung in den Parteien gibt schon lange nicht mehr das Bild in der Gesellschaft wieder. Diese ist weitaus bunter, jünger und weiblicher.

Eine zentrale Ursache für die mangelnde Attraktivität der Parteien sind fehlende Beteiligungsmöglichkeiten. Wer einmal den Versuch unternommen hat, selbst Mitglied in einer Partei zu werden, wird dies bestätigen. Die Kandidaten für Ämter stehen in der

Regel vorab fest, Außen- und Seiteneinsteiger haben es schwer. In den USA werden die Kandidaten dagegen in sogenannten „offenen Vorwahlen" bestimmt: Nicht nur die Mitglieder und Delegierten, sondern alle Bürger können über das Personal bestimmen. Davon haben beide Seiten etwas, Bürger wie Parteien. Die Bürger interessieren sich bereits im Vorfeld einer Wahl für die Kampagne und das Personal, die Partei kann anschließend das Engagement und die Mobilisierung der Bürger während der Vorwahl für die spätere Kampagne und eigentliche Wahl nutzen.

Die deutschen Parteien scheuen das Instrument einer stärkeren Öffnung gegenüber Nichtmitgliedern und politisch interessierten Bürgern. Auch hier überwiegt die Angst vor dem unbekannten Bürger, der für Überraschungen sorgen und das Innenleben der Parteien durcheinander bringen könnte. Dabei weist das Grundgesetz den Parteien eher eine untergeordnete Rolle zu. In Artikel 21 heißt es: „Die Parteien wirken an der politischen Willensbildung mit." Von alleiniger Herrschaft ist dort keine Rede. Die vielfach konstatierte und kritisierte Politikverdrossenheit ist in Wirklichkeit eine Parteienverdrossenheit.

Die gängige Praxis der Kandidatenkür des Spitzenpersonals führt am Ende zu einer Entdemokratisierung. Es setzen sich die Kandidaten durch, denen der größte Erfolg bei der anstehenden Wahl zugetraut wird und nicht diejenigen, die aufgrund eines bestimmten Programms oder einer klaren Zielvorstellung die Wahlen gewinnen sollen.

Die closed-shop-Mentalität der Parteien gefährdet die Attraktivität und Existenz der Parteien auf Dauer. Sie werden sich öffnen müssen – allein, um demografisch zu überleben. Wenn Politik Organisation ist, wie der frühere Parteivorsitzende der Sozialdemokraten Franz Müntefering sagte, dann brauchen die Parteien heute eine Organisationsreform an Haupt und Gliedern.

Eine innovative Antwort auf den zunehmenden Trend der Personalisierung in der Politik ist schließlich die Möglichkeit des Panaschierens (= Mischen) auch auf Bundesebene. Bislang werden bei der Bundestagswahl mit der Zweitstimme nur Parteilisten gewählt. Das heißt, die Platzierung der Kandidaten wird durch die Partei vorab vorgenommen. Warum aber soll der Wähler aus dem Angebot der Parteien nicht seine eigene Liste zusammenstellen und Kandidaten unterschiedlicher Parteien wählen können? Die Möglichkeit zum Panascharien haben beispielsweise heute die Schweizer oder etliche Bundesländer bei Kommunalwahlen.

Senkung des Wahlalters und Familienwahlrecht

Bei der letzten Bundestagswahl war jeder zweite Wähler älter als 53 Jahre. Seit den siebziger Jahren steigt das durchschnittliche Wahlalter. Je höher das Alter der Wähler ist, desto empfänglicher werden die Parteien für die Wünsche der Senioren. Die jüngsten Wahlversprechen – Mütterrente und Rente mit 63 – und ihre Einlösung Anfang 2014 haben dies bestätigt und lassen wenig Gutes für die Zukunft erahnen. Die Älteren werden immer mehr, und alle Parteien nehmen überproportional Rücksicht auf sie. In beiden Volksparteien altern die Mitglieder und Wähler schneller als bei den kleineren Parteien.

Um eine Plünderung der kommenden Generationen durch rentnerfreundliche Parteien zu vermeiden, sind zwei Maßnahmen sinnvoll: Die Senkung des Wahlalters auf 16 Jahre und die Einführung eines Eltern- bzw. Familienwahlrechts. In acht Bundesländern kann bereits auf kommunaler Ebene mit 16 gewählt werden. Auch Österreich hat mit dem neuen Wahlalter gute Erfahrungen gemacht. Verfassungsrechtlich schwieriger dürfte die Einführung eines Wahlrechts von Geburt an sein. Wahlrechtsfragen sind jedoch immer auch Machtfragen. Als Kombipaket würden beide Maßnahmen für mehr Generationengerechtitkeit bereits beim Wahlgang sorgen.

Neo-Demokratie: die Agenda

1. **Die Post-Babyboomer sind demokratische Optimisten.** *Über 80 Prozent halten die Demokratie für die beste Staatsform.*
2. **Der Bürger als Co-Produzent von Politik:** *Mit-Machen und Entscheiden ist der neue Trend.*
3. **Wir leben nicht in einer Post-Demokratie, sondern in einer simulativen Demokratie.** *Es geht um das Management und Inszenieren von Widersprüchen und Interessenskonflikten.*
4. **Mehr direkte Demokratie und Bürgerbeteiligung** *führen zu politischer Stabilität, wirtschaftlichem Erfolg und ausgeglichenen Haushalten.*
5. **Voraussetzung ist ein neuer Föderalismus,** *der auf Steuerwettbewerb und soziale Innovationen setzt.*
6. **All politics is local!** *Die Kommunen sind die Orte, in denen sich die Qualität und Innovationsfähigkeit von Demokratie entscheiden.*
7. **Wir brauchen einen neuen Typus Politiker:** *Der „politische Unternehmer" bedient nicht nur existierende Forderungen und Interessen, sondern erzeugt auch neue, indem er eine neue Politik anbietet.*
8. **Und wir brauchen den engagierten Bürger,** *der Verantwortung für sich und andere über-*

nimmt und sich nicht wie ein „Idiot" (egoistischer Privatmann) verhält.
9. **Die Parteien müssen sich stärker öffnen,** *wenn sie demografisch überleben wollen. Offene Vorwahlen, mehr Beteiligungsmöglichkeiten für Mitglieder wie Nicht-Mitglieder und die Möglichkeit des Panaschierens auch auf Bundesebene machen die Parteiendemokratie stärker und nicht schwächer.*
10. **Rentnerdemokratie verhindern!** *Die Senkung des Wahlalters auf 16 und die Einführung eines Familienwahlrechts von Geburt an sind ein Beitrag für mehr Generationengerechtigkeit.*

10   Neo-Patriotismus: Deutschland für alle!

Der Sascha, der ist Deutscher,
und deutsch sein, das ist schwer.
Und so deutsch wie der Sascha,
wird Abdul nimmer mehr.

Die Toten Hosen

65 Jahre nach Gründung der Bundesrepublik und 25 Jahre nach dem Fall der Mauer zeigt sich der Welt ein neues, offenes und buntes Deutschland. Aus dem „Wir sind wieder wer" ist ein „Wir sind wieder wir" geworden. Zum „neuen deutschen Wir" gehören heute auch die Millionen von Menschen mit Migrationshintergrund. Integration bedeutet heute nicht mehr „Anpassung" an die Mehrheitsgesellschaft, sondern „Einheit in Vielfalt". Deutschland braucht in den nächsten Jahrzehnten mehr Zuwanderung und entwickelt ein neues Gefühl von Zusammengehörigkeit.

Wer in den siebziger und achtziger Jahren aufwuchs, vermied das D-Wort. „Deutscher" war eindeutig negativ besetzt. Deutsch waren die anderen: die Rechten, die Nationalen, die Gestrigen. Als wir unseren Friedensdienst in Israel zu Beginn der Neunziger machten, antworteten wir gerne auf die Frage „Woher kommt Ihr?": „Aus Europa." Hinter Europa konnten wir jungen Deutschen uns prima verstecken. Es war unser neues Deutschland. Bis dann die schrecklichen Bilder aus Hoyerswerda, Rostock, Mölln und Solingen auch im israelischen Fernsehen gezeigt wurden. Städte, die nicht weit von unseren waren und die wir nicht so leicht europäisieren konnten. Da war sie wieder: die Angst vor Deutschland, Angst in Deutschland. Wir waren weit weg und dennoch war in Israel alles so nah für uns.

Spätestens die Fußball-Weltmeisterschaft 2006 im eigenen Land hat uns mit dem eigenen Land versöhnt. Das Sommermärchen hat den ewigen deutschen Winter abgelöst. Die Deutschen sind gelassener und unverkrampfter geworden. Man begrüßt mehr Einwanderung und eine buntere Republik mit doppelter Staatsbürgerschaft und Nationalspielern mit Migrationshintergrund. Deutschland lieben? Warum nicht?! In einer Umfrage der britischen BBC wurde Deutschland zum beliebtesten Land der Welt gewählt. Selbst die Briten finden uns „cool". Bundespräsident Gauck spricht von einem „neuen deutschen Wir, die Einheit der Verschiedenen".

Neue deutsche Gelassenheit

In Deutschland leben heute sieben Millionen Ausländer und weitere neun Millionen Menschen mit deutscher Staatsangehörigkeit, aber direkter Zuwanderungsgeschichte. Jede fünfte in Deutschland lebende Person hat damit einen sogenannten Migrationshintergrund. Bei den unter Fünfjährigen ist es sogar jeder Dritte.

Insbesondere beim Thema Einwanderung ist das Muster aus wachsender Aufmerksamkeit und zunehmender Beunruhigung durchbrochen. Aus Aufmerksamkeit wird in der Regel Unruhe, wenn es sich um neue Trends handelt. Seit vier Jahren wandern mehr Menschen nach Deutschland ein als aus. Das hat es seit 20 Jahren nicht gegeben. Für die Zukunft rechnen laut einer Befragung von Allensbach 80 Prozent mit einer steigenden Zahl an Einwanderern. Waren vor 10 Jahren (2004) noch 42 Prozent der Bevölkerung der Meinung, Deutschland könne keine Einwanderung mehr verkraften, vertraten diese Meinung 2010 nur noch 28 Prozent, also nicht einmal jeder Dritte. Glaubten damals nur 16 Prozent, Deutschland sei aus demografischen Gründen auf mehr Zuwanderung angewiesen, sind es heute mehr als 40 Prozent.

Die neue Gelassenheit zeigt sich auch im Hinblick auf das Zusammenleben. 45 Prozent ziehen nach dem Barometer des Sachverständigenrats Integration eine positive Bilanz, 39 Prozent eine kritische. Nur fünf Prozent sind der Meinung, das Zusammenleben funktioniere überhaupt nicht. Eine große Mehrheit hält dennoch die Integrationserfolge für unbefriedigend. Ursache hierfür dürfte die überwiegend negative Berichterstattung in den Medien und die Ergebnisse aus der Bildungsforschung sein, wonach berufliches Fortkommen oft von der sozialen und familiären Herkunft abhängt.

Deutschland als Talentmagnet

Deutschland braucht mehr Einwanderung und mehr Integration. Diese Erkenntnis hat sich erfreulicherweise parteiübergreifend durchgesetzt. Grund ist die Demografie. Nach Prognosen der Vereinten Nationen würde der Anteil der über 65-Jährigen in Deutschland ohne Einwanderung bis 2050 von derzeit 20,8 auf 34,6 Prozent steigen.

Es ist nicht leicht nach Deutschland einzuwandern. Seit den fünfziger Jahren wurden gut 400.000 Menschen als Asylberechtigte anerkannt. Im Vergleich zu denen, die Asyl beantragt haben, ist dies wenig. Die gleiche Zahl – mehr als 400.000 Menschen – sind im Jahr 2013 aus Europa und der Welt legal nach Deutschland eingewandert, der höchste Stand seit 20 Jahren. Nach Angaben der

OECD sind wir heute das zweitbeliebteste Industrieland. Die neuen Einwanderer sind jung und gut ausgebildet. Ob sie dauerhaft hier bleiben, wird davon abhängen, wie gut wir sie empfangen.

Ähnlich wie klassische Einwanderungsländer wie USA, Kanada und Australien wirbt auch Deutschland mit einer neuen „Willkommenskultur". Deutschland boomt dank der Krise in den Nachbarländern auch in Sachen Einwanderung. Ähnlich wie die klassischen Einwanderungsländer muss es auch Deutschland gelingen, die gesuchten Fachkräfte dauerhaft zu binden.

Es wird sich zeigen, ob aus der aktuellen Tendenz ein nachhaltiger Trend wird. Noch steht das deutsche Ausländerrecht den neuen Herausforderungen entgegen. Die heutigen Strukturen und Institutionen orientieren sich an Zielgruppen, die es so nicht mehr gibt: Gastarbeiter und Aussiedler. Die Ausländerbehörden sind auf die neue Wirklichkeit kaum vorbereitet. Es ist an der Zeit, das Thema Einwanderung von der Meta-Ebene, der Gipfel und Sonntagsreden auf die konkrete Ebene zu holen.

Aktuell behandeln wir die beiden Gruppen von Ausländern getrennt: die, die wir als Fachkräfte brauchen und jene, die uns als Schutz vor Misshandlung und Verfolgung brauchen. Flüchtlinge, die ihr Land aus Furcht vor Verfolgung verlassen, können sich auf internationale Vereinbarungen berufen. In Deutschland sind weniger als fünf Prozent aus humanitären Gründen im Land. 2014 ist die Zahl der Asylbewerber im Vergleich zu 2013 um mehr als 60 Prozent gestiegen. Rund 200.000 Asylanträge wurden gestellt – von Menschen, die verfolgt werden, aber auch von Menschen, die keinen anderen Weg sehen nach Deutschland zu kommen. Mehr Menschen sind aufgrund von Bürgerkriegen auf der Flucht. Deutschland nimmt zwar die meisten Asylbewerber in der EU auf, benötigt aber auch aus demografischen Gründen die meisten.

Deutschland hat eines der striktesten Asylrechte und einen stark regulierten Arbeitsmarkt. Das deutsche Ausländerrecht bietet knapp 140 verschiedene Möglichkeiten für Aufenthaltstitel. Die Asylverfahren dauern zu lange. Die Zeit könnte mit Sprach- und Integrationskursen und Jobtätigkeiten besser genutzt werden. In Schweden beispielsweise werden Anträge schneller und flexibler entschieden, ein Wechsel zwischen Asylverfahren und Ausländerrecht ist eher möglich.

Zu uns kommende Einwanderer werden wir nur dann von unserem Land begeistern, wenn wir selbst begeistert und überzeugt von unseren Werten, Normen und Institutionen sind. Das setzt eine offene und öffentliche Debatte über Zuwanderung, Integration und Zusammenleben und den Abschied von Lebenslügen voraus.

Abschied von Lebenslügen

Deutschland schafft sich nicht ab, sondern erschafft sich neu. Mit der neuen Gelassenheit beim Thema Einwanderung ist das Land erwachsen geworden und hat Abschied genommen von der ersten, von den beiden Volksparteien lange Zeit gepflegten Lebenslüge „Das Boot ist voll!".

So wie das Land in den fünfziger und sechziger Jahren entstehende Parallelgesellschaften in der Hoffnung gefördert hat, die Zugewanderten würden als „Gastarbeiter" später wieder das Land verlassen, wird es jetzt bestehende Parallelgesellschaften aus sozialen Gründen nicht dulden können.

Aber auch die zweite Lebenslüge von Multikulti ist passé. Das Konzept des Multikulturalismus war im Kern paternalistisch und betrachtete Einwanderer als Objekt von sozialen Beglückungsmaßnahmen. Die bunte Republik als Karneval der Kulturen: fleischlos, ideenlos und anstrengungslos. Ein Blick in die Integrationsstatistik und die PISA-Studien straft diese Erzählung Lügen.

Die Entfremdung zwischen deutscher Mehrheitsgesellschaft und (überwiegend) türkisch-arabischer Minderheitsgesellschaft nimmt zu. Türkische und arabische Migranten sind heute nicht mehr auf deutsche Strukturen angewiesen. Angefangen beim Bäcker über die Schule bis hin zum Arzt oder Anwalt lassen sich die Dinge des Lebens auch so bewältigen, was die Fortexistenz von Traditionen wie arrangierte Ehen bzw. die „Zwangsverheiratung" von Frauen eher begünstigt.

Nulltoleranz bei Integrationsverweigerung

Die große Mehrheit der in Deutschland lebenden Migranten ist inzwischen gut integriert. Deutschland hat aus den Fehlern der siebziger und achtziger Jahre gelernt. Dennoch gibt es nicht wenige „Integrationsverweigerer" in unserem Land, die wir nicht erreichen. Ebensowenig wie Rassismus und Fremdenfeindlichkeit zu tolerieren ist, darf ein Leben in abgeschotteten Parallelgesellschaften geduldet werden.

Ungefähr 10 Prozent der hier lebenden Migranten gelten als Integrationsverweigerer und nehmen

Angebote wie Sprachkurse nicht in Anspruch. Jeder fünfte Muslim mit deutschem Pass lehnt es nach einer Studie des Bundesinnenministeriums grundsätzlich ab, sich zu integrieren. Ein Viertel aller nichtdeutschen jungen Muslime gilt als streng religiös und empfindet starke Abneigungen gegenüber dem Westen, akzeptiert Gewalt und zeigt keine Bereitschaft zur Integration. Die eigene Religion ist für diese Jugendliche am Ende der einzige und letzte Fluchtpunkt in einem Leben, das für sie kaum einen Sinn bietet.

Statt auf diese Befunde mit organisierter Empörung zu reagieren oder sie zu verharmlosen, braucht es eine klare Ansage, die aus zwei Teilen besteht: Das Prinzip „Fördern durch Fordern" muss für alle, auch für Migranten gelten. Und: Wir lassen niemanden allein und zurück. Auch junge Muslime ohne Schulabschluss brauchen eine zweite oder dritte Chance.

Eine Politik der „Nulltoleranz" muss bereits in den Fällen des Alltags klare Kante zeigen, wo Kinder nicht zur Schule gehen, bei der Einschulung kaum oder schlecht deutsch sprechen, keine Hausaufgaben oder länger Ferien machen. Der Berliner Bezirksbürgermeister Heinz Buschkowsky hat vor Jahren vorgeschlagen, den verantwortlichen Eltern und Familien soziale Leistungen wie das Kindergeld zu kürzen oder zu streichen.

Insbesondere in den Großstädten werden viele zugewanderte Frauen zwangsverheiratet oder Ehen arrangiert. Zwar steht „Zwangsverheiratung" inzwischen unter Strafe, das Strafrecht allein reicht jedoch nicht. Der Ausbau von Notrufnummern und mehr Aufklärung auch in türkischsprachigen Medien würden dazu beitragen, für dieses Thema zu sensibilisieren und klare Grenzen aufzuzeigen.

Der neue Integrationsvertrag: Fordern durch Fördern

Die jahrzehntelangen Debatten über Integration tragen Früchte. Inzwischen gibt es erste Erfolge beim Abbau der Sprachbarrieren und Bildungsdefizite. Die Nachkommen der Gastarbeitergeneration erreichen heute höhere Bildungsabschlüsse. Dabei sind Mädchen die Integrationsgewinner. Während sie ihre Chancen nutzen, haben türkische und arabische Jungen oft enorme Probleme.

Sie brauchen positive Anreize und materielle Förderung. Bildung und Leistung müssen sich möglichst früh und individuell lohnen! Statt allein mit Kürzungen oder Streichen des Kindergelds bei

Bildungsversagen und Schulabbrechern zu reagieren, wie es der Sozialdemokrat Buschkowsky in Berlin vorschlägt, macht es motivationspolitisch mehr Sinn, den betroffenen Familien und Kindern zusätzliches Bildungsgeld und Bildungsstipendien in Aussicht zu stellen, wenn bestimmte Bildungsfortschritte erreicht sind (wie ein Bildungsabschluss, der Übergang in eine weiterführende Schule, die Aufnahme einer Lehre oder eines Studiums etc.).

Wir brauchen einen Bildungsvertrag zwischen Politik und Migranten, Schulen, Eltern und Kindern. Die Eltern müssen sich dabei verpflichten, für den regelmäßigen Schulbesuch ihrer Kinder zu sorgen, sich über die schulischen Aufgaben ihrer Kinder zu informieren, Beratungsangebote der Schule wahrzunehmen und zum Schulleben beizutragen. Besonders erfolgreiche Schülerinnen und Schüler und Studierende werden jährlich ausgezeichnet und erhalten Preise.

Wir Deutschländer:
Doppelte Pässe und Identitäten
Kennen Sie die beiden Brüder Boateng? Der eine (Jerome) spielt in der deutschen Nationalmannschaft, der andere (Kevin Prince) für Ghana. Beide Brüder spielten bei der WM in Brasilien wieder

gegeneinander und sangen unterschiedliche Nationalhymen. Jerome Boateng hat auf seinem Arm das Land seines Vaters tätowiert: Ghana. Trotz seiner doppelten Identität gibt er alles für Deutschland.

Deutschland ist heute Heimat für unterschiedliche religiöse und regionale Identitäten. Fast die Hälfte der Migranten ist in Deutschland geboren. Ohne sie würde unsere Gesellschaft schneller und stärker altern. 21 Prozent der Menschen mit Migrationshintergrund sind jünger als 15 Jahre, bei den einheimischen Deutschen sind dies nur 11 Prozent. Wir müssen alles unternehmen, diesen jungen „Deutschländern" hierzulande eine Heimat zu bieten. Mehrere Pässe und Identitäten führen dann nicht zu mehreren Loyalitäten, wenn hier lebende Menschen mit Migrationshintergrund sich anerkannt und akzeptiert fühlen. Symbolische Maßnahmen sind auch wichtig.

Vor fünf Jahren lud Angela Merkel zur ersten Einbürgerungsfeier in das Kanzleramt, nachdem die Zahl der Einbürgerungen auf ein Rekordtief gefallen war. 2014 macht es ihr Bundespräsident Joachim Gauck nach. Seit dem neuen Staatsangehörigkeitsrecht, das 2000 in Kraft trat, haben sich fast zwei Millionen Menschen in Deutschland einbürgern lassen. Hier ist noch viel Luft nach oben wie der Vergleich mit klassischen Einwanderungsländern zeigt, wo die Einbürgerungsquote wesentlich höher ist. Kanada hat im OECD-Vergleich die höchste Quote mit fast drei Vierteln. In Europa liegen Schweden und die Niederlande mit zwei Dritteln vorne, während Deutschland nur eine Quote von 50 Prozent besitzt.

Die vergleichsweise geringe Einbürgerungsquote hat eine zentrale Ursache: Hier lebende Migranten fühlen sich von der Merheitsgesellschaft kaum gewollt. Diese erwartet von den Millionen Türken und Arabern entweder die totale Assimilation – und damit Abwendung vom Islam – oder die freiwillige Rückkehr in ihr „Heimatland". Nur gibt es dieses nicht mehr. Die rund 16 Millionen Menschen mit Migrationshintergrund sind wie wir „Deutschländer". Auch Abdul ist heute ein Deutscher.

Für einen deutschen Islam

England diskutiert aktuell das Thema Integration unter der Metapher „Trojanisches Pferd". Gemeint ist das Durchdringen staatlicher Schulen mit islamischen Ideen. Die Ratlosigkeit ist in der britischen Mehrheitsgesellschaft weit verbreitet: Seit „Britishness" nichts mehr mit christlichem Glauben zu tun hat, sondern mit abstrakten Werten wie Toleranz und Vielfalt, hat man der Ideologie des Islamismus nicht viel entgegenzusetzten. Es braucht ein Bild und eine Leitidee vom Islam, der mit der westlichen Moderne vereinbar ist. Auch im Islam gibt es Ansätze und Ideen von Demokratie und Aufklärung.

Laut Verfassungsschutz ist der Islamismus die größte Bedrohung der inneren Sicherheit in Deutschland. Nicht jeder, der hierzulande an den Islam glaubt, ist aber ein Islamist. Der Verfassungsschutz stuft rund 43.000 Deutsche als gewaltbereite Islamisten ein. Ungefähr die Hälfte der hier lebenden Migranten sind Muslime. Damit stellt der Islam neben Protestantismus und Katholizismus die dritte große Religionsgemeinschaft in Deutschland. Von den ca. 4 Millionen Muslimen stammen 2,5 Millionen aus der Türkei, 550.000 aus Südosteuropa und 330.000 aus dem Nahen Osten. Fast die Hälfte der Muslime in Deutschland ist inzwischen eingebürgert.

Der Satz des früheren Bundespräsidenten Christian Wulff „Der Islam gehört zu Deutschland" ist bei den Deutschen immer noch umstritten. Mehr als die Hälfte von ihnen sind anderer Auffassung, wie eine Studie der Bertelsmann Stiftung ergab.

Das zentrale Ergebnis der Studie: Die islamische Religion und die westliche Gesellschaft sind für die meisten Deutschen nicht miteinander vereinbar und auch fast jeder fünfte in Deutschland lebende Muslim ist dieser Auffassung. Doch welche Alternative wollen wir? Ein islamisches Deutschland oder einen deutschen Islam?

Religion ist für die weitaus meisten Muslime sehr wichtig. Im Vergleich zu früheren Erhebungen ist der Anteil derer, die sich als religiös oder sehr religiös bezeichnen, gestiegen. Über 85 Prozent der Muslime in Deutschland bezeichnen sich als gläubig oder sehr gläubig. Die Befürworter des Kopftuchtragens haben sich allein in den Jahren zwischen 2000 und 2005 fast verdoppelt (von 27 auf 46 Prozent). Und die Zahl derjenigen, die in Deutschland eine Koranschule besucht haben, liegt bei den in Deutschland geborenen Muslimen mit 60 Prozent am höchsten. Nur jeder Zehnte gilt als gut oder sehr gut integriert.

Integration ist keine Einbahnstraße, sondern ein beidseitiger Prozess. Religion darf dabei kein „no go" sein. Als Mehrheitsgesellschaft sollten wir von den hier lebenden Migranten und Muslimen nicht die totale und unbedingte Assimilation fordern. Eine Politik der Ab- und Ausgrenzung provoziert, das zeigen die Befunde, gegenteilige Effekte. Wir werden die mehr als zwei Millionen gläubigen Muslime kaum von ihrem Glauben abbringen und sollten es auch nicht versuchen. Im Gegenteil: Wir müssen es schaffen, gemeinsam mit ihnen einen „deutschen Islam" zu definieren und zu leben.

Beginnen sollten wir mit dem Versuch zu verstehen, warum die meisten der hier lebenden Muslime der Überzeugung sind, dass sie weltweit unterdrückt und benachteiligt würden. Der neue Dialog zwischen Mehrheitsgesellschaft und Muslimen muss werteorientiert geführt werden. Das fällt vor allem den Deutschen schwer. Ein glaubhafter Dialog basiert auf dem Glauben, dass es gemeinsame und verbindliche Werte gibt und nicht alles beliebig ist. Es fällt auf, dass die bisherigen und aktuellen „Aktionspläne Integration" die Begriffe Werte und Religion vermeiden. Sie atmen den „Geist" von Bürokratie und Biedermeier und nicht von Zugehörigkeit und Gemeinsinn. Es geht nicht nur um Toleranz, es geht vor allem um Wertschätzung und Anerkennung. Es geht nicht um Belehrung, sondern um ein wechselseitiges Lernen.

Entscheidend für die Frage, ob uns eine für beide Seiten erfolgreiche Integration und ein neues Zusammenleben gelingen kann, wird die Entwicklung eines „Bildungsislams" sein. Auch der Islam kennt einen klaren Bildungsauftrag. So sagt der Prophet Mohammad: „Das Streben nach Wissen ist eine Pflicht für jeden Muslim, Mann oder Frau" und weiter: „Die Suche nach Wissen eine Stunde lang ist wertvoller als eine ganze Nacht lang im Gebet zu verbringen, und die Suche nach Wissen einen Tag lang ist besser als drei Monate zu fasten."

In der muslimischen Welt des frühen Mittelalters versperrten den Frauen keine Hindernisse oder Verbote das Streben nach Wissen. Im Gegenteil, die Religion hat sie sogar dazu ermutigt. Eine der berühmtesten Frauen der islamischen Geschichte ist Aischa, die Frau des Propheten. Wenn wir verhindern wollen, dass fundamentalistische Islamisten unsere Bildungseinrichtungen unterwandern, müssen wir einen neuen, mit unseren Wertvorstellungen kompatiblen „Bildungsislam" entwickeln und fördern.

Dieser sollte eng mit Kindergärten, Schulen und außerschulischen Bildungsträgern kooperieren und das Bild einer Aufstiegsgesellschaft vermitteln. Zweisprachigkeit und Nachmittagsunterricht muss die Regel werden. Für ein gelingendes Bildungsleben braucht es auch Vorbilder, Paten und Mentoren. Deutschland kann hier auf eine lange und breite Tradition von Vereinen und Initiativen zurückblicken. Im Hinblick auf das Thema Integration hat sich bei Stiftungen in den letzten Jahren viel getan. Es gibt eine Fülle von guten Beispielen, Projekten und Modellen. Was fehlt, ist eine breite und nachhaltige Kampagne, welche die Bildungsrepublik Deutschland auch für hier lebende Migranten und Muslime öffnet und ihnen das Gefühl vermittelt, gewollt und nicht nur geduldet zu sein.

Neo-Patriotismus: die Agenda

1. **Einwanderungsland** *Deutschland braucht gut ausgebildete Fachkräfte und wandelt sich zu einem klassischen Einwanderungsland.*
2. **Das Ausländer- und Asylrecht** *stellt ein Hindernis im globalen Wettbewerb um die besten Köpfe dar. Wir brauchen keine geduldeten Gäste, sondern anpackende Aufsteiger.*
3. **Das neue deutsche Wir** *ist die Einheit der Verschiedenen.*
4. **Abschottung und Toleranz sind gescheitert.** *Eine Politik der Wertschätzung und Anerkennung ist wichtiger.*
5. **Isolation aufbrechen!** *Wir brauchen einen Mix aus negativen und positiven Anreizen. Integration lohnt sich – für beide Seiten.*
6. **Ausländer werden Deutschländer:** *Mehr Einbürgerungen und ein nationaler Tag der Integration stehen für ein neues Miteinander.*
7. **Ein deutscher Islam** *ist besser als ein islamisches Deutschland. Notwendig ist mehr Religionsunterricht, Forschung und ein breiter Dialog mit dem Islam.*
8. **Bildungsislam:** *Wir brauchen mehr Erzieher und Lehrer mit Migrationshintergrund, Vorbilder, Paten und Mentoren.*

9. **Die bunte Bürgergesellschaft.** *Auch Migranten gilt es für Vereine, Stiftungen und Initiativen zu gewinnen.*
10. **Tag der Deutschen Einheit für alle!** *Der 23. Mai – der Tag des Grundgesetzes – wird zum gemeinsamen nationalen Feier- und Einbürgerungstag.*

Epilog:
Mehr Freiheit. Mehr Solidarität. Weniger Angst.

„Handle nur nach derjenigen Maxime, durch die du zugleich wollen kannst, dass sie ein allgemeines Gesetz werde."

Immanuel Kant, Kategorischer Imperativ

Deutschland hat die neunziger Jahre reformpolitisch komplett verschlafen, wie Franz Müntefering in den rotgrünen Regierungsjahren bekannte. Berauscht vom eigenen Wahlerfolg nach sechzehn Regierungsjahren Helmut Kohl setzten SPD und Grüne zu Beginn dieses Jahrhunderts sozialpolitisch auf Stillstand und stoppten den demografischen Faktor, der die Rentenformel an das Verhältnis von Jüngeren und Älteren knüpfte. Deutschland wurde nach dem Zwischenhoch der New Economy zum „kranken Mann Europas". Erst mit dem Rücken zur Wand entschloss sich Schröder zum bislang radikalsten Reformprogramm auf dem Arbeitsmarkt. Die „Agenda 2010" brach die blockierte Republik auf und führte zur deutschen Renaissance in den letzten Jahren. Heute ist Deutschland der Schrittmacher in Europa.

Das Land lebt heute von der Substanz und profitiert von niedrigen Zinsen auf den Finanzmärkten. Die Weichen für die kommenden Jahrzehnte müssen jetzt gestellt werden. Eine Kanzlerin allein macht noch keine Neo-Republik. Die Post-Babyboomer haben zuviel mit sich selbst zu tun und sie sind zu wenig. Es braucht ein Bündnis aus Großvätern, Jüngeren und Frauen. Gemeinsam werden sie für Fortschritt und Freiheit, Solidarität und Leistungsgerechtigkeit kämpfen müssen. Noch sitzen die „Retros", die älteren Männer, an den Schaltstellen der Macht in Politik, Wirtschaft, Wissenschaft und Medien. Noch behaupten die Babyboomer die Deutungshoheit in Deutschland. Das wird sich bald ändern.

Kampf der Kulturen

Mit Frank Schirrmacher, dem Herausgeber der Frankfurter Allgemeinen Zeitung, ist in diesem Jahr einer der profiliertesten Köpfe der Babyboomer verstorben. Die vielen Nachrufe auf seinen Tod machen den Abschied von einem Groß- und Bildungsbürgertum deutlich, dass es so in Zukunft nicht mehr geben wird. Schirrmacher, seine Anhänger und Freunde sind wie er Kinder des 20. Jahrhunderts geblieben. Thomas Mann, Ernst Jünger, Martin Heidegger. Google-Gründer Eric Schmidt und das amerikanische Silicon-Valley sind ihnen fremd, eine andere Welt. Die Digitalisierung, der digitale Wandel in Wirtschaft, Medien und Wissenschaft, ist für sie eine Gefahr. Frank Schirrmacher hat ihre Angst wie kein anderer definiert und popularisiert.

Konservativen Babyboomern gehen Veränderungen immer zu schnell. Sie fürchten das Neue, weil es die Welt verändern und ihre eigene vernichten könnte. Sie verlangen Entschleunigung und würden die Globalisierung am liebsten aufhalten. Fortschritt und Demokratie lassen sich aber nicht aufhalten. Wer gegen Freiheit und Selbstorganisation kämpft, kämpft gegen die Zeit. Im Grunde sind die konservativen Babyboomer kulturelle Modernisierungsverlierer. Rückhalt und Bestätigung finden sie nur noch auf Ehemaligentreffen und bei Frauen, die nicht arbeiten wollen und sie anhimmeln.

Die politische Lobby der Altkonservativen ist die Partei „Alternative für Deutschland". Sie ist ein Sammelbecken der Männer, die am linksliberalen Mainstream in Folge der „Befreiungsbewegung" von 1968 leiden. Den heutigen Kindermangel führen sie auf die Verwischung der „prickelnden Unterschiede" zwischen Mann und Frau in dieser Zeit zurück. Der Hass der „Linken und 68er" auf die bürgerliche Lebensform sei der eigentliche Grund für den Verfall der Sitten. Das Prädikat „neu" verdient dieses schwer verdauliche Konglomerat an empiriefreien Beobachtungen nicht. Das beste Mittel im Kampf gegen die Wirklichkeit ist am Ende die Wirklichkeit selbst. An dieser Wirklichkeit leiden die Retro-Konservativen am meisten.

Die Neos können das Neue mit Kraft und Phantasie so gestalten, dass es nicht als Gefahr und Bedrohung daher kommt, sondern als Zugewinn an Freiheit. Ein intelligenter Neo-Ismus beschränkt sich nicht auf die Kunst des Bewahrens, sondern unternimmt den Versuch einer Balance aus Bewahren und Erneuern, aus Sicherheit und Freiheit, aus Zutrauen und Zumuten. Die Neos gehen offensiv mit den genannten Widersprüchen um und nutzen diese produktiv. Ihr Neoismus ist neugierig und nachhaltig zugleich. Ihr Leitbild ist die kreative Gesellschaft, ihr Ziel ist eine neue Balance aus Freiheit, Solidarität und Zukunftsoptimismus.

Eine Agenda für mehr Lebenschancen und weniger Angst kostet Geld und Mut. Das Geld ist weniger das Problem. Was fehlt, ist der Mut. Deutschland befindet sich aktuell im Standbye-Modus. „Verweile doch, Du bist so schön" möchte es dem Hier und Jetzt zurufen. Das Erreichte soll bleiben, Neues soll nicht gewagt werden. Nachdenken und Veränderungen sind nicht willkommen. „Uns treibt die Sehnsucht nach einer permanenten Gegenwart", fasst der Psychologe Stephan Grünewald die Stimmung im Land zusammen. Wir wollen keine Flüchtlinge aus Afrika oder Osteuropa, kein Fracking, kein Big-Data, keine Gentechnik und keine Chlorhühnchen. Statt Aufbruch in die Zukunft wird zum Aufstand gegen die Moderne geblasen. Die Freude am Fortschritt ist einer „aggressiven Biederkeit" (Nils Minkmar) gewichen.

Die Ablehnung jeglichen Fortschritts ist gefährlich. Die permanente Gegenwart ist keine Option. Wenn alles so bleiben soll, wie es ist, muss sich vieles ändern. Land und Menschen werden lernen, positiv und offensiv mit vermeintlichen Widersprüchen und Gegensätzen umzugehen. Patriotismus und Weltoffenheit, Feminismus und Kapitalismus, Ökologie und Technologien, Europa und Heimat bedingen einander.

Bringen wir die geistige und moralische Kraft auf, die wir brauchen werden, um die Zukunft zu meistern? Politische Führer in Asien und Russland sprechen uns die Fähigkeit dazu ab und halten den Westen für dekadent, schwul, kraft- und saftlos. Haben wir uns in Wohlstand und Werterelativismus eingerichtet? Sind wir eine älter werdende Gesellschaft oder eine, die sich bloß alt und erschöpft fühlt?

Das Recht auf ein gutes Leben

Nein. Ein Land, das nach der Katastrophe des Zweiten Weltkriegs zur Demokratie und nach der Reaktor-Katstrophe in Fukushima zur Energiewende fähig war, ist auch in der Lage eine gesellschaftliche Energiewende zu schaffen. Es geht um gemeinsame geteilte Visionen und Ziele, das Leben besser zu machen anhand kleiner, effektiver und entschlossener Schritte. Es geht um das gute, das glückliche Leben. Um Freundschaften, Familie, Netzwerke und Engagement. Was am Ende wirklich zählt ist all das, was wir für andere und diese für uns sind.

Gut zu leben ist eine Tätigkeit und kein Status. Man kann es nicht kaufen, besitzen oder umverteilen. Nicht die egoistischen, besitzstandsorientierten Menschen sind die glücklichsten, sondern diejenigen, die stabile und gute Beziehungen und Bindungen zu ihren Mitmenschen pflegen, eine sinnvolle Tätigkeit ausüben und über Freiräume verfügen.

Politik kann das gute Leben und unser Glück nicht allgemeinverbindlich definieren oder dekretieren. Dass ein Staat sich um das Wohlergehen seiner Bürger kümmert, ist dennoch Wurzel seiner Legitimation. Unsere Verfassung spricht in der Präambel von der „Verantwortung gegenüber Gott und den Menschen" und in Artikel 1 von dem Schutz der unantastbaren Würde des Menschen. Die USA nennen in ihrer Unbahängigkeitserklärung von 1776 das „pursuit of happiness" als Ziel. Bolivien und Ecuador haben in den letzten Jahren das Recht auf ein gutes Leben in ihren Verfassungen verankert.

Politik kann mehr, als sie heute vorgibt zu leisten. Nach der Ära der Krise erleben wir heute eine Phase der Beruhigung in Person einer deutschen Bundeskanzlerin. Auf die Baldriantropfen werden bald Vitamin- und Energiemittel folgen müssen, wenn das 21. Jahrhundert nicht komplett verschlafen werden soll. Alternativen sind möglich, selbst in scheinbar ausweglosen Zeiten. Der Sinn und die Aufgabe von Politik, schrieb Hannah Arendt nach der Katastrophe des Zweiten Weltkriegs, ist Freiheit. Und nicht Angst.

Freiheit ist immer auch die Freiheit der nächsten Generation

Dabei geht es weniger um ein Programm der negativen Freiheit, der Freiheit von etwas, als um ein Programm der positiven Freiheit, der Freiheit zu etwas. Dem positiven Freiheitsbegriff geht es um die Verwirklichung fairer Lebenschancen für möglichst viele Menschen. Chancenverwirklichung und Teilhabe werden wichtiger, der Schutz von Eingriffen des Staates oder Dritter deswegen aber nicht unwichtiger. Es verschieben sich jedoch die Prioritäten staatlicher Politik. Nicht der „Schutz der Ausgebeuteten und Entrechteten" steht in ihrem Fokus, sondern ihre Befähigung ein selbständiges und solidarisches Leben zu führen.

Der indische Nobelpreisträger Amartya Sen nennt eine Reihe von institutionellen Funktionen, die den Grundwert der Freiheit erst sicherstellen. Um Freiheit überhaupt leben und erfahren zu können, braucht es:
1. politische Freiheiten
   (Wahlrecht, Grundrechte)
2. ökonomische Institutionen
   (Ressourcen, Verteilung)
3. soziale Chancen
   (Bildung, Gesundheit)
4. Transparenzgarantien
   (Presse, Korruptionsbekämpfung)
5. Soziale Sicherheit
   (Arbeitslosenversicherung, Sozialhilfe, Mindestlöhne).

Freiheit hängt vom Umfang dieser instrumentellen Freiheiten ab, so Sen. Das Einkommen ist zwar ein grundlegender Faktor für Wohlstand und damit für Verwirklichungschancen. Andere Faktoren sind jedoch genauso wichtig: „Der Wert des Lebensstandards liegt in einer bestimmten Art zu leben und nicht im Besitz von Gütern, die eine abgeleitete und variierende Relevanz haben."

Ein Gemeinwesen ist, wie es der englische Staatsphilosoph Edmund Burke einmal formuliert hat, mehr als eine Assoziation zum Verfolgen der eigenen Interessen und des persönlichen Vorteils. Ein Gemeinwesen ist „eine Gemeinschaft der Lebenden, der Toten und der nach uns Kommenden". Damit auch künftige Generationen noch in den Genuss von Verwirklichungschancen kommen, braucht es eine ganzheitliche Politik umfassender Rechte und Chancen, wie sie in diesem Buch beschrieben wurden. Und es braucht ein breites Bündnis kluger und weitsichtiger Politiker und Bürger, die nicht nur an sich, sondern auch an die nächste Generation denken.

Die Post-Babyboomer gehen guten Zeiten entgegen. Karriere, Kooperation und Kommunikation treiben sie an. Mit Hilfe der neuen Medien und einer Philosophie der Vereinbarkeit und der Vielfalt wird ihnen gelingen, was die selbst die 68er unter den Babyboomern nicht geschafft haben: ein Leben und Arbeiten in Selbst- und Mitbestimmung. Es sind schlechte Zeiten für alte Parteien, Unternehmen, Gewerkschaften und Kirchen – und es kommen gute Zeiten für erneuerte und moderne Organisationen und Institutionen. Die Parteien haben ihr Monopol auf Politik, die Kirchen ihr Monopol auf Religion, die Universitäten ihr Monopl auf Wissen und die Gewerkschaften ihr Monopol auf Mitbestimmung verloren. Das kann man beklagen. Bedauern muss man es nicht.

Danksagung

Ein solches Buch hat viele Mütter und Väter. Bei der Geburt geholfen haben vor allem mein Literaturagent Ernst Piper und Heinrich Hengst vom Lingen Verlag. Danken möchte ich meinen Freunden und Kollegen für die vielen Diskussionen, Matthias Horx für seinen Input und meiner Familie für die geistige und emotionale Unterstützung. Das Buch widme ich meiner Tochter Selma und den beiden Söhnen Amon und Georg. Sie werden in einer besseren Welt und Zukunft leben.

Über den Autor

Daniel Dettling, geboren 1971, ist Gründer der Denkfabrik re:publik – Institut für Zukunftspolitik. Der Jurist und promovierte Verwaltungswissenschaftler denkt und schreibt für Politiker, Ministerien und Unternehmen und hält Vorträge. Zu seinen Themen gehören insbesondere der gesellschaftliche und demografische Wandel. Er lebt mit seiner Partnerin und drei Kindern in Berlin.

Die Edition Lingen Stiftung erscheint im Lingen Verlag, Köln
© 2014 by Helmut Lingen Verlag GmbH,
Brügelmannstr. 3, 50679 Köln
© 2014 Daniel Dettling
Projektleitung und Redaktion: Heinrich Hengst

Das Werk, einschließlich aller seiner Teile, ist
urheberrechtlich geschützt. Jede Verwendung
außerhalb der engen Grenzen des Urheber-
rechts ist ohne Zustimmung des Verlages
unzulässig und strafbar. Das gilt insbesondere
für Vervielfältigungen, Übersetzungen, Mikro-
verfilmungen und die Verarbeitung in elektro-
nischen Systemen.

Printed in Germany
Alle Rechte vorbehalten.
www.edition-lingen-stiftung.de
www.facebook.com/ELSMagazin